인지정서행동치료(REBT) 단회기 상담사례

초심자를 위하여

SINGLE SESSION **REBT** FOR BEGINNERS

인지정서행동치료

Rational Emotive
Behavior Therapy

[REBT] 단회기 상담연구

초심자를 위하여

| 박경애 저 |

학지사

서문

　최근 상담 및 심리 치료학의 양적 성장이 가히 폭발적이라고 할수 있다. 상담 관련 전문학회의 등록 회원 수가 수만 명이 넘고 있으며, 유관 전공을 가르치고 있는 대학교와 대학원 입학생의 수와 경쟁률은 타 전공에 비교해 많고 높은 편이다. 이러한 사회적 배경을 바탕으로 상담과 심리치료는 다양한 환경과 상황에서 왕성하게 이루어지고 있으며, 굳이 전통적으로 수행되는 장기상담이 아니더라도 단기 또는 단회상담을 통해서 얼마든지 사람들을 효율적으로 도울 수 있다. 특히, 인지정서행동치료(Rational Emotive Behavior Therapy: REBT)와 같이 인간의 생각을 주요 주제, 즉 문제의 핵심적 원인으로 보고 있는 상담방법에서는 단 한 번의 상담이 이루어졌어도 정서와 행동의 원인인 인간의 시각을 다룸으로써 촌철살인의 효과가 있음을 알 수 있다.

　이 책은 상담기관에 찾아온 내담자를 대상으로 한 접수 면접이나 1회 상담에 그친, 이른바 조기 종결 또는 중도 탈락의 상담사례가 아니며, 다양한 이유로 단 한 번의 상담을 할 수밖에 없었던 단회기 상담사례연구서임을 밝힌다. 또한 상담이 이루어진 상황과

5

장소도 전통적인 세팅과 상담실뿐만 아니라 일상의 공간에서 이루어진 내용도 포함되어 있다. 특히, 여기에 수록된 사례를 수행한 상담자들은 REBT 상담과정의 전문적 훈련을 받은 REBT 초심자에 의해 이루어진 사례이므로 더욱 의미가 있다. 상담학도들이 한 이론을 제대로 훈련받았을 때 그 이론에 따라 문제를 정확하게 파악하고, 문제해결의 과정인 상담의 과정도 헤매지 않고 지름길을 바로 찾을 수 있기 때문이다.

여기에 수록된 사례의 대상은 초등학생부터 일반 성인에 이를 정도로 다양하며, 상담자 또한 초등학교 교사, 학교의 전문상담사, 정신간호사, 사회복지사 등으로 다각적이다. 단회상담의 특성상 사례보고의 형식은 일관된 형식으로 제시하지 않고, 내담자 이해를 위한 기본정보 영역과 임상자료 영역 등 상담과정을 이해할 수 있는 자유로운 형식으로 작성되었음을 밝힌다. 또한 여기에 등장하는 모든 인명은 가명임을 밝혀 둔다. 이 책을 통해 상담학도들이 REBT 이론을 정확하고 심층적으로 알고 있는 것이 왜 중요한지 깨닫고 REBT 이론을 공부하는 것에 대해 동기가 높아질 것으로 믿는다. 자신의 사례를 제공해 준 한국 REBT 연구회 상담자들과 이 책이 집필될 수 있도록 2011년 연구비를 지원해 준 광운대학교에 감사드린다.

2018년 3월, 연구실
저자 박경애

차례

Part I

초등학생 상담사례

Single session REBT for Beginner

01 행동이 느리고 굼떠서 살기 싫어요

1. 기본정보

1) 내담자 인적 사항
초등학교 2학년 남학생

2) 가족관계

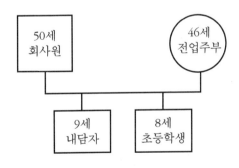

3) 호소문제
"행동이 느리고 굼떠서 살기 싫어요."

4) 상담기간 및 장소

9월 16일(화) 13시 10분~13시 50분, 2-1 교실

5) 내담경위 및 상담경험

아이가 내성적인 성향을 가지고 있고, 자신의 감정을 잘 드러내지 않는 편이라 특별하게 학급에서 다른 아이들과 마찰을 보인 적은 없었다. 그러나 최근 들어 자신의 감정을 종종 드러내기 시작하면서 아이들과 마찰이 생겼다. 1학기 때, 어머님과 학부모 상담기간에 상담을 하면서 철민(가명)이가 참는 것이 생활화되어 있고, 부모님께서 철민이를 많이 혼낸다는 것을 알게 되었다. 그래서 어머님께 아이의 행복도를 높여 주기 위해서는 가정에서 동생에게 무조건 양보하도록 하기보다는 아이에게 관심을 가져 주시고 아이가 잘하는 점을 보였을 때 칭찬해 주실 것과 아이와의 1:1 대화 시간도 가져 보실 것을 제안 드렸다. 학교에서는 철민이의 의사 표현력을 높이기 위해 발표 수업에 참여하도록 유도하였고 철민이가 장점을 보일 때면 공개적으로 칭찬을 해 주었다.

6) 사건배경

같은 반 남자아이 2명(민수와 남수, 가명)이 점심시간이 다 끝나고 5교시 시작시간인 1시 10분이 되자, 제 시간에 자리에 앉지 못한 철민이를 보고 "뒤로 나가."라고 하였다. 학급 규칙상, 수업 시작시간에 늦으면 뒤에 서서 "일찍 들어오겠습니다."를 3번 말하고 들어와야 하는데, 철민이는 자신이 늦지 않았다고 생각하여 2명의 아이들과 언쟁이 벌어졌다. 결국 말문이 막힌 철민이가 억울하다

고 짜증을 내며 큰 소리로 울었다.

2. 상담자료

1) 내담자의 특성

- 학업수준(학생의 경우): 반에서 최상위권에 속한다.
- 정서적 특징: 평소에 비교적 안정적인 모습을 보이며 수업시간에 집중도가 좋은 편이다. 전에는 자신의 감정을 쉽게 잘 드러내지 않는 편이었으나, 최근 변화가 나타나 자신의 감정을 조금씩 드러내지만 표현력이 미숙하다. 한번 안 좋은 감정이 드러나기 시작하면 전에 쌓였던 것까지 한꺼번에 풀어내려는 폭발적인 양상을 나타내기도 한다.
- 인지적 특징: 양호한 편이며 선생님과의 의사소통이나 다른 친구들과의 대화에 있어서 특별하게 어려운 점이 없다. 인지적 수준이 정상범위 내 우수한 편이다.
- 행동적 특징: 수업시간에는 산만한 모습을 보이지 않는 편이며 교사의 지시대로 잘 따라온다. 평소에 목소리가 작은 편이지만, 자신의 마음에 들지 않는 상황에서는 쉽게 짜증이 섞인 말투로 바뀌고 목소리가 커지며 공격적인 성향을 보인다.
- 건강상태: 키는 큰 편이고 약간 마른 편에 속하며 활동량이 많고 건강한다.

2) 문제 형성사

철민이는 최근 자신의 감정을 말로 드러내기 시작했다. 그런데 예전에는 그러지 않다가 최근에 변화를 겪고 있기 때문인지 감정을 드러내는 것에 미숙하다. 철민이의 가정환경을 살펴보면, 부모님은 첫째인 철민이에게 늘 엄격하게 대한다고 한다. 철민이의 행동적 기질은 느리다. 그런데 부모님 두 분의 성격은 매우 급하다. 더군다나 동생은 행동이 재빠른 편에 속한다. 그러다 보니 부모님은 철민이의 행동이 답답해 보이고, 집에서 동생과 비교하고 혼내게 된다. 행동이 느린 것에 대한 부모님의 이해가 부족하기 때문일 것이라는 개인적인 생각이다. 심지어 맏이이기 때문에 동생에게 항상 양보하라는 부모님의 가르침도 받고 있다. 이러한 이유로 철민이는 자신의 의사 표현력이 부족하며 생활 전반적인 면에서 행복도가 낮다(최근 변화로 인해 조금씩 표현력이 향상되고 있다). 자신의 기준에는 5교시 시작시각에 맞게 교실에 들어왔는데, 평소에 철민이가 마음속에 좋지 않은 감정을 가지고 있던 아이들이 늦었다고 뒤로 나가라고 하자 짜증을 버럭 내며 거친 말을 내뱉고 억울하다며 엉엉 울었다. 선생님이 친구들은 나쁜 의도로 말한 것이 아니라고 설명을 했지만, 한번 폭발한 감정은 쉽게 가라앉지 않았다(이러한 철민이의 모습을 보고 상담을 결정하였다). 민수, 남수의 이야기를 들어 보니 그 아이들의 생각에는 철민이가 늦은 것 같아 악의 없이 그냥 뒤로 가라고 말을 한 것뿐이고 나머지 반 아이들의 눈에도 그렇게 보였다고 하였다. 아마도 엄격한 가정환경 아래에서 오랜 기간 혼나면서 성장을 해 온 탓에 철민이가 가지고 있는 피해 의식도 이 사건 발생에 영향을 준 것으로 보인다.

3) 내담자의 자원과 약점

철민이가 가진 자원은 인내심이 강하다는 점과 주어진 과제를 충실히 해 나갈 수 있는 능력, 다른 친구들이 없는 상태에서는 선생님과 솔직하고 활발하게 의사소통을 한다는 점이다.

그러나 자신의 감정을 드러내고 표현하는 것에 미숙하다는 점, 자기 뜻대로 대화가 풀리지 않으면 일단 짜증부터 내고 울어 버린다는 점, 감정의 폭발이 쉽게 일어난다는 점은 약점에 해당한다.

4) 내담자 문제의 종합적 이해

철민이가 가진 문제는 자신의 감정을 솔직하게 드러내는 것에 아직 미숙해서 자기 표현력이 부족하다는 것, 상대방과 의견 차이가 날 때는 설득과 타협 등의 과정을 거치지 않고 짜증부터 내고 울어 버린다는 것이다. 짜증 섞인 말투가 때로는 다른 친구들이 거부감을 느끼게 할 때도 있다. 그리고 깊이 자리 잡힌 피해의식이 철민이를 행복과 멀어지게 만들고 있다. 이러한 문제의 원인으로는 부모님들의 양육법과 자녀의 기질에 대한 이해 부족을 들 수 있다. 앞으로 철민이와의 상담은 자신의 감정에 대해 표현하는 방법을 기르고 철민이가 가지고 있는 잘못된 사고방식을 바르게 잡아 주는 방향으로 가면 좋겠다.

3. 상담 목표 및 전략

1) 상담 목표
잘못된 사고방식을 바로잡고 자신의 감정을 말로 표현하기

2) 상담 전략
• 철민이가 가지고 있는 잘못된 사고방식 바로잡기
• 친구 및 선생님과 역할극을 통해 감정표현 해 보기
• 자신에게 문제가 생겼을 때, 선생님이나 친한 친구들에게 도움
요청하기

4. 상담 과정

1) 상담 주제
철민이의 속상한 마음을 공감해 주고, 앞으로 오늘과 비슷한 문제 상황이 생겼을 때 어떻게 대처해야 할지 이야기 나누기

2) 상담 내용(축어록)
(상:상담자, 내:내담자)

상1: 철민아, 우리 반 아이들 나가고 없으니까 좀 편해졌어?
내1: 네.

상2: 그러면 자리에 앉아서 얘기할까? 철민이가 편한 데 앉아 봐.

내2: 아무 데나 앉아도 돼요?

상3: 그럼. 너가 앉고 싶은 곳이면 아무 데나 앉아도 돼.

내3: 네. (맨 앞자리에 앉는다.)

상4: 평소에 철민이 자리는 우리 반 제일 뒷자리인데 맨 앞에 앉았네?

내4: 네. 앉고 싶은 데 앉아도 된다면서요.

상5: 앞에 앉은 게 반가워서 그러지. 얼굴도 잘 보이고……. 그런데 왜 앞에 앉았어?

내5: 수업 시간에 공부 열심히 하고 싶어서요. 남수랑 민수 때문에 짜중 나기도 하고요. 걔네들이 저보다 앞에 앉아 있잖아요.

상6: 그래서 그렇구나. 어쨌든 선생님은 철민이가 앞에 앉아서 좋아. 그런데 오늘 5교시 시작할 때 왜 울었니?

내6: 민수랑 남수랑 짜증 나서요. 저는 늦지 않았어요. 그런데 뒤로 나가래요. 늦지도 않았는데 나가라고 하니까 당연히 짜증 나지요. 그래서 울었어요.

상7: 짜증 나서 운 거야?

내7: 네.

상8: 철민이 생각에는 5교시 시간에 늦지 않았다고 생각한 거네?

내8: 네. 저는 시간에 맞게 들어왔다고 생각했어요. (짜증 섞인 목소리로) 늦지 않았다고요.

상9: 그래, 철민아……. 제대로 들어왔는데 늦게 들어왔다는 이야기를 들어서 짜증 났겠네. 그러면 민수랑 남수에게 철민이 생각을 얘기해 보지 그랬어. 나는 시간에 맞게 들어온 거라고…….

내9: 말해 봤자 걔네들은 듣지도 않아요.

상10: 정말 그럴까? 어떻게 알아?

내10: 뻔해요. 저번에도 제가 늦지 않았는데 저보고 늦었다고 놀렸거든
요. 엄청 짜증 났어요.

상11: 철민이 입장에서는 속상했겠다. 시간에 맞추어 들어왔는데 친구
들이 오해하면 기분 나쁘지. 그런데 오늘 같은 경우에는 철민이가
이야기도 해 보지 않고 짜증만 냈잖아. 선생님은 좀 아쉬운데?

내11: 뭐가요?

상12: 저번에 철민이를 늦었다고 오해했다고 해서 이번에도 그렇게 생
각하면 안 될 것 같아서…… . 민수랑 남수의 말이 기분이 나빴다
면 무조건 짜증 내거나 울지 말고 철민이가 '나는 늦지 않았는데
왜 그래?'라든지 아니면 '나는 시간에 맞게 들어왔으니까 나가라
는 말하지 마.' 이렇게 말로 하면 되잖아. 어려울까?

내12: (……) 어렵지는 않은데 그래도 짜증 나요.

상13: 선생님이 아까 민수와 남수에게 물어보니까 철민이를 놀리려고
한다거나 나쁜 마음을 가지고 한 말은 아니야. 그런데 철민이가
속상하게 생각한 거지. 그렇다면 철민이는 평소에 민수와 남수에
대해서 좋게 생각하고 있을까?

내13: 아니요. 싫어요.

상14: 그것 봐. 평소에 철민이가 민수랑 남수를 좋아하는 마음이 없으
니까 별거 아닌데도 짜증이 났던 거지. 그런데 선생님은 철민이
가 짜증이 나더라도 말로 잘 표현할 수 있었으면 좋겠어.

내14: 어떻게요? 저는 그런 거 못 해요.

상15: 왜 못 해? 자꾸 하다 보면 할 수 있어. 선생님이 예전에 철민이 수
업시간에 칭찬했던 것 기억하니?

내15: 네. 기억해요.

상16: 그러면 선생님이 무슨 내용으로 칭찬했는지 기억하고 있을까? 선생님이 한 가지만 칭찬한 건 아니었는데……. 철민이가 이야기해 줄 수 있을까?

내16: 음……. 글씨 잘 쓰는 거랑요……. 또 뭐가 있었지요?

상17: 맞아! 국어 시간에 철민이 글씨 잘 쓰는 거에 대해서 칭찬한 적 있었지. 기억 잘 했네. 또 뭐가 있었더라?

내17: (시간이 좀 흐른 후) 생각이 안 나는데요?

상18: 이런, 선생님이 철민이 칭찬을 그렇게 많이 했는데……. 철민이가 너무 칭찬을 많이 받아서 기억을 못 하나 보다.

내18: 헤헤. (이 시점에서 아이의 기분이 좀 풀어진 듯했다.)

상19: 그러면 선생님이 힌트를 줄게. 급식? 이제 기억날까?

내19: 아~ 밥 골고루 잘 먹는 거요.

상20: 그렇지. 정답이야. 또 있는데…….

내20: 맞다. 저 공부 잘하는 거요.

상21: 그래, 그것도 선생님이 칭찬한 내용 중에 하나잖아. 철민이는 수업시간에 항상 집중을 잘해서 선생님이 참 고마운데……. 이렇게 칭찬을 많이 받는 어린이가 친구들의 말이 그냥 짜증 난다고 해서 소리를 지른다거나 울어 버리면 될까?

내21: 아니요.

상22: 그러면 선생님께 칭찬받은 것도 잘 기억하고 있는 똑똑한 어린이가 해 보지도 않고 말로 하는 걸 무조건 못한다고 하면 될까요?

내22: 아니요.

상23: 잘 알면서 그래……. 선생님이 들은 건 오늘 민수랑 남수가 한 말은 철민이를 놀리려고 한 말이 아니라는 거야. 그러니 철민이는 화낼 필요가 없지요. 오늘은 선생님이 교실에 없어서 정확히 보지 못했지만······. 다음에 이런 일이 또 생기면 어떻게 할 거야?

내23: 선생님이 말하라고 했으니까 말해야지요.

상24: 어떻게 말할 건데?

내24: 나를 놀리는 친구가 있으면 놀리지 말라고요. 그리고 내가 늦지 않았는데 늦었다고 하면 나는 늦지 않았다고요.

상25: 와~ 그렇게 이야기할 수 있겠어?

내25: 아니요. 잘 모르겠어요.

상26: 몰라도 괜찮아. 선생님 생각으로는 지금 말한 것만으로도 앞으로 잘 될 것 같은데?

내26: 근데 걔네가 진짜 짜증이 나기는 해요. 선생님이 못 보셔서 그래요. 자꾸 놀려요.

상27: 그래? 뭐라고 그러는데?

내27: 느림보라고 놀릴 때도 있고요. 놀려서 짜증 나기도 하지만 계속 수업 시간에도 뒤돌지 말라고 하는데도 뒤돌아서 저 방해하고 모둠활동할 때도 자기들 하고 싶은 대로 맘대로 하고요······. 나 하고 싶은 건 못하게 하고요······. 너무 짜증 나요.

상28: 아~ 그러면 짜증이 날 수도 있겠네. 그러면 철민이가 느림보라는 말이 듣기 싫구나. 하지 말라고는 이야기해 봤어?

내28: 네. 알았다고 하는데 계속 그래요.

상29: 그러면 선생님이 그거에 대해서는 남수와 민수를 불러서 이야기할게. 선생님이 우리 반에서 자주 쓰는 말 있지? 바보에게는 뭐만 보인다고?

내29: 바보만 보인다고요.

상30: 그래, 잘 기억하고 있네. 그러면 민수와 남수가 느림보라서 철민이가 느림보로 보이나 보다……. 이렇게 생각해 봐. 그리고 느림보가 꼭 나쁜 건 아니야. 느림보가 나쁘면 학교에서 선생님한테 칭찬을 많이 받겠어?

내30: 나쁘면 칭찬을 못 받죠.

상31: 그렇지. 그러니까 느림보가 꼭 나쁜 것도 아니야. 『토끼와 거북』 이야기 알지?

내31: 토끼랑 거북이랑 경주하는 거요?

상32: 응. 무슨 경주였는지 기억나?

내32: 네. 달리기요.

상33: 맞아. 토끼가 빠르니, 거북이가 빠르니?

내33: 당연히 토끼가 빠르죠.

상34: 그런데 그 이야기에서는 누가 이겼지?

내34: 거북이가 이겼죠.

상35: 거 봐. 느리다고 해서 항상 나쁜 건 아니야. 거북이가 토끼도 이겼으니까. 선생님도 엄청 느림보인데……. 철민이도 봐서 알잖아. 밥 먹는 거 선생님이 항상 꼴찌인 거…….

내35: 네, 알죠…….

상36: 그럼, 느림보끼리 합체할까? 자, 합체!

내36: 네. (팔을 X모양으로 겹친다.) 헤헤.

상37: 다음부터는 친구들 말에 화가 나면 철민이의 기분에 대해서 이야기도 해 보고 만약에 잘 안 되면 선생님이 도와줄 테니까 선생님한테 이야기해도 괜찮아.

내37: 다른 친구들이 볼 텐데요?

상38: 친구들이 보는 게 싫으면 친구들 없을 때 이야기하면 되지. 선생님한테 이야기할 방법은 얼마든지 있어.

내38: 친구들 일러도 돼요?

상39: 선생님은 괜찮아. 속상하거나 그런 점이 있으면 선생님한테 일러도 되고, 이야기해도 되고……. 기분은 좀 괜찮아졌어?

내39: 네.

상40: 그래? 다행이네. 그럼 집에 갈까? 가방 정리해야 하지?

내40: 아까 정리 다 해 놓았어요.

상41: 그래? 와~ 정리도 깨끗하게 잘 해 놓았네. 청소시간에 열심히 했나 보다?

내41: 네. 아까 알림장 쓰고 했어요.

상42: 잘 했네. 오늘 칭찬이 하나 늘어서 기분 좋게 집에 갈 수 있겠는데? 자, 그럼 집에 가자.

내42: 네. (가방을 멘다) 안녕히 계세요.

5. 상담평가

1) 상담과정에 대한 평가

• 내담자가 2학년이기 때문에 이해하기 쉽도록 수준에 맞춘 단어를 사용하려고 노력했다.

• 내담자의 어머니와 사전 상담이 이루어졌었기에 사전에 모았던 정보들을 아이와의 상담에 활용했다.

• 내담자와 라포 형성이 사전에 잘 되어 있어서 대화가 수월하게 진행되었다.

2) 상담에서 좀 더 보완하고 싶은 점

• 아이의 사고방식이 부모님, 가정환경의 영향이 큰 것으로 보아 가정과 연계한 상담이 필요하다고 판단되므로 가정과 학교와의 연계를 어떤 방법, 내용으로 할지 생각해 봐야 한다.
• 사람이 가진 사고방식이란, 단기간에 개선되는 것이 아니므로 아이의 미래를 위해서 지속적인 관찰과 개입이 필요하다고 생각된다.

6. 사례 논평

본 사례는 상담을 전공하는 담임교사에 의해 이루어진 사례이다. 친구들에게 자신의 의사를 주체적으로 표현하게 하는 주장훈련(assertive training)과 자신은 느림보이기 때문에 아이들에게 놀림을 받는다고 생각하는 아동에게 느린 것이 나쁜 것은 아니라는 것을 『토끼와 거북이』의 예화를 통해 쉽게 이해하도록 이끌어 준다. 또한 초등학생의 경우 그들의 인지발달을 고려하여 아이들이 이해하기 쉬운 이야기나 예화를 활용하면 이해가 쉽게 이루어질 수 있음을 보여 주고 있다. 상담자는 단회상담을 통해 이루어진 내담자의 깨달음이 지속되고 있는지를 관찰하여 보고하였으면 상담 효과가 돋보였을 것이다.

02
친구들이 나를
짜증이 나고 화나게 해요

1. 기본정보

1) 내담자 인적 사항
초등학교 2학년 남학생

2) 가족관계
- 아버지(43세): 중졸, 직장(노동)에 다니시고 2남 2녀 중 장남. 평소에 불규칙한 직장 일로 인해 집에 있는 경우가 많으며, 자신의 주장이 뚜렷하고 가부장적임. 가족에게 애정표현을 잘하지 않는 편이며 엄격하다. 내담자의 말에 의하면 자주 음주를 하며, 음주를 하고 나면 어머니와 가족들에게 폭행과 폭언을 한다고 한다.
- 어머니(42세): 고졸, 상업(고등학교 앞에서 떡볶이 노점상을 함), 2녀 1남 중 장녀. 가정일을 위해 최선을 다하려고 노력하나, 가사와 돈 버는 일, 남편의 잦은 음주와 폭행, 폭언 등으로 매우

힘들어하고 있다(학부모 전화 상담을 통해 알게 됨). 아이에게 많은 관심과 애정이 있으나 여러 가지 생활문제로 실제적으로 아이에게 많은 관심을 기울이지 못하고 있다.

3) 학교생활

철수는 늘 에너지가 넘치는 학생이다. 친구들에게 장난을 자주 친다. 철수는 장난으로 하는 행동이만 상대 학생들은 싫어하고 귀찮아한다. 철수도 그것을 잘 알고 있는 듯하지만, 놀아 주지 않는 친구들에게 관심을 받기 위해 더 과한 장난을 치는 듯하다. 어려서부터(유치원 시절부터) 같은 지역에서 함께 생활한 학급 친구들에게 장난이 심해 교사로부터 계속 꾸중을 들었던 철수는 나쁜 아이라는 생각이 깊이 내재되어 있는 듯하다. 관심을 받고자 수업 시간에도 집중하지 못하고 교실을 돌아다니거나 떠드는 행동을 하며, 부모님께서 학교생활에 관심을 가져 주지 못하시니 철수의 성적은 하위권으로 학년 초보다 점점 성적이 떨어지고 있다.

4) 호소문제

• "친구들은 나를 무시하고 싫어하며 나를 따돌려요."
• "어른들은 나를 나쁜 아이라고 생각해요."
• "주변 친구들은 나를 짜증스럽게 하고 화나게 해요."

5) 상담자와 내담자의 관계
해당학생 담임 교사

6) 상담 일자 및 장소

10월 1일 (수) 중간놀이시간 약 30분, 운동장 벤치

7) 상담 동기

2학년이 된 첫날, 철수가 교실에 들어오자 아이들이 "어! 김철수다!"라는 소리와 웅성웅성하는 소리가 들렸다. 그때 우리 반 여학생 한 명이 큰 소리로 "선생님, 철수 때문에 골치 좀 아프실걸요."라고 이야기를 했다. 3월 첫날임에도 불구하고 나는 그렇게 말한 여학생을 꾸짖었다. 2학년을 배정받고 주변의 여러 선생님들로부터 철수이야기를 많이 들은 터여서 긴장을 하고 있었는데 첫날 철수에 대한 나의 인상은 매우 크게 다가왔다. 그 후 철수는 수업시간에 집중을 못하고 계속 이야기를 했으며, 특히 주변 친구들과의 다툼이 매우 심했다. 예를 들면, 친구가 교실에서 리코더를 불면 시끄럽다고 친구를 때리고, 또 자신이 청소 당번이어서 청소를 할 때 친구들이 놀고 있으면 짜증이 난다며 거친 말과 폭력을 휘두르는 행동들을 보였다.

지속되는 철수의 학급 친구들 괴롭힘, 주변 친구들의 철수에 대한 낙인 효과(철수는 나쁜 아이라는), 이로 인한 철수의 따돌림(함께 노는 친구가 없음) 등은 그냥 넘길 수 없다고 판단하였고, 5, 6학년 고학년은 물론 중·고등학교도 함께 진학하게 될 친구들로 하여금 철수에 대한 생각을 바뀌게 하고 이렇게 하기 위해서는 철수 자신의 변화가 절실히 필요함을 느꼈다.

2. 상담자료

1) 내담자의 특성

• 인상 및 행동특성

키가 또래에 비해 매우 작고(2학년 전체 중 제일 작음) 까무잡잡한 피부에 고집이 있어 보이는 인상이다. 평소 복장이 지저분하고 똑같은 옷을 자주 입는 것으로 보아 부모님께서 많은 관심을 가져 주시지 못하는 것으로 보인다. 말이 많고 활동적으로 학교 생활을 하지만 점심 시간에는 혼자서 놀이(유희왕 카드, 고무딱지 등)를 하던가 운동장에서 친구들의 놀이를 방해하는 등의 행동을 한다.

• 내담자의 강점과 약점

강점: 내담자 스스로 친구들과 친해지고 싶어 하는 욕구가 높아 상담 목표 달성에 많은 도움이 될 것이다.

약점: 오랜 시간 같은 지역에서 함께 생활해 온 친구들이 철수는 나쁜 아이라고 생각하는 것에 철수 스스로 위축감을 느끼는 듯하다. 스스로 잘해 보려고 노력하다가도 이런 친구들의 모습을 대하면 노력을 멈추고 좌절을 하는 모습을 보인다.

2) 내담자의 핵심문제

• 자기중심적 생각과 감정조절이 되지 않아 친구들을 괴롭히고 함께 노는 친구가 없다.
• 수업 시간에 잠시도 가만히 앉아 있지 못할 정도로 산만하다.

- 억압적인 가정 속에서 자신의 감정을 적절하게 표현하는 방법을 익히지 못했다.
- 잘못한 일을 지적해도 끄떡하지 않고, 한참 동안 말을 듣지 않는다.

3) 문장 완성 검사 결과

철수가 가장 화날 때는 <u>친구들이 나를 무시하고 짜증 나게 하는 것이다.</u>

가장 행복할 때는 <u>컴퓨터를 잘한다고 선생님께 칭찬받는 것이다.</u>

아버지는 <u>무섭다.</u>

어머니는 <u>바쁘고 화를 내시면 무섭다.</u>

내가 가장 싫어하는 것은 <u>쉬는 시간이다.</u>

내가 어렸다면 <u>실컷 놀 것이다.</u>

여자 친구는 <u>수다쟁이다.</u>

나의 좋은 점은 <u>컴퓨터를 잘하는 것이다.</u>

나의 나쁜 점은 <u>화를 자주 내는 것이다.</u>

나의 소원은 <u>친구들과 친하게 지내는 것이다.</u>

나는 커서 <u>되고 싶은 것이 없다.</u>

---

3. 상담 목표 및 전략

1) 상담 목표

- 친구를 배려하는 말과 행동을 한다.
- 타인에 대한 민감성과 공감 능력을 향상시킨다.

2) 상담 전략

- 문장완성검사를 통해 현재 상태를 점검한다.
- 내담자의 긍정적인 측면을 적극 지지해서 자신감을 향상시킨다.
- 역할연습을 통해 내담자가 또래 관계에서 겪는 상황을 객관화시키고 대처 방법들을 탐색해 본다.

4. 상담 과정

1) 상담 내용(축어록)

(상: 상담자, 내: 내담자)

상1: 선생님이 왜 불렀는지 궁금하니?

내1: 네.

상2: (웃음) 우리 철수는 지난번 체육시간에 보니 축구를 무척 잘하더구나.

내2: 네, 축구를 무척 좋아해요.

상3: 그래, 늘 밝게 즐겁게 생활하는 철수가 선생님도 너무 보기 좋더구나. 그런데 가끔 우리 철수가 즐거워하지 않을 때가 있는 것 같더구나. 오늘은 어땠니?

내3: 그냥 그랬어요.

상4: 그래? 그랬다면 즐겁지 않았다는 뜻이 담긴 것 같은데, 뭔가 있구나?

내4: 짜증 나는 일이 있었어요.

상5: 그래? 무슨 일?

내5: 쉬는 시간에 영희가 실로폰을 이상하게 쳐서 시끄럽다고 짜증을 냈어요.

상6: 그리고? 또 짜증 낸 적이 있었니?

내6: … (잠시 생각)네. 청소를 해야 하는데 친구들이 옆에서 자기들끼리 장난을 치잖아요. 화가 나서 짜증을 냈어요.

상7: 그랬구나. 그럼 그 일이 일어났을 때 짜증 나는 것 말고 또 어떤 생각이 들었니?

내7: (머뭇거리며 말을 못함) …….

상8: 괜찮아. 선생님에게는 솔직하게 얘기해 주는 게 더 좋아. 그래야지 어떻게 하는 게 너에게 도움이 되는지 선생님이 말해 줄 수 있잖아.

내8: 나쁜 말도 하고 싶고, 때려 주고 싶었어요.

상9: 그래서 철수가 때렸구나. 친구들이 울고 화내는 모습을 보니 네 마음은 어땠니?

내9: 조금 미안했어요.

상10: 그렇구나. 그렇다면 철수는 그 화나는 마음이 계속 생기기를 바라니? 아님 없어지길 바라니?

내10: 없어지기를 바라죠.

상11: 네가 짜증이 나서 화내고 싶었던 마음이 어떻게 변했으면 좋겠니?

내11: 짜증이나 화를 내고 싶은 마음이 없어졌으면 좋겠어요.

상12: 없어졌으면 좋겠다고? 좋은 생각이구나. 네가 어떻게 생각하면 짜증이 나는 마음이 없어질 수 있을까?

내12: 좋게 생각해요.

상13: 좋게 어떻게? 짜증 날 때 좋게 생각하려면 어떤 마음을 가지면 좋을까?

내13: 마음을 편하게 가져요.

상14: 그래. 철수가 마음을 편하게 가지면 짜증 나는 마음이 없어질 거라고 생각하니까, 짜증이 날 때 마음을 편안하게 갖기로 목표를 세워 보자. 그리고 하나 더! 짜증이 나면 친구에게 나쁜 말을 하게 되고 친구를 때리게 된다고 했는데, 어떻게 변했으면 좋겠니?

내14: 친구랑 싸우지 않았으면 좋겠어요.

상15: 좋아. 싸우지 않으려면 어떻게 철수가 행동하면 좋을까?

내15: 고운 말을 쓰고, 친구를 때리지 않아요.

상16: 철수는 자주 짜증을 내지 않고 친구와 다투지 않기 위해 고운 말을 쓰고 친구를 때리지 않는 것이 좋겠다고 생각하는 거니?

내16: 네.

상17: 그럼 철수가 짜증이 나려고 할 때, 마음을 편하게 가지면서 고운 말을 쓰고 친구를 때리지 않도록 하기 위해 선생님과 같이 방법을 찾아보자. 우리 철수는 친구들과 어떤 이야기를 할 때 즐겁니?

내17: 게임이나 유희왕 카드 이야기요.

상18: 그런데 짝꿍 영희는 어떤 것을 좋아하는 것 같아?

내18: 영희는 스티커 이야기나 만화영화 이야기만 해요.

상19: 철수는 스티커나 만화영화에 관심이 없나 보구나. 그렇다면 짝꿍이 스티커나 만화영화 얘기할 때 너는 어떻게 하니?

내19: 짜증 나요. 듣기는 하는데 딴짓을 해요.

상20: 그래, 그럼 우리 그때처럼 한번 해 볼까? 내가 철수를 하고 철수가 영희 역할을 하고.

내20: 난 게임을 안 해.

(다음은 철수와 역할을 바꾸고 철수가 말하는 내내 상담자가 딴짓을 하며 건성으로 대답한다.)

상21: 철수야, 기분이 어때?

내21: 안 좋아요.

상22: 어떻게?

내22: 무시하는 것 같아요. 기분 나빠요.

상23: 그렇구나! 그럼 네 짝꿍은 어떨까?

내23: 똑같겠죠.

상24: 그래, 친구를 사귀는 첫 번째 비결은 친구 이야기를 잘 들어 주는 거야. 친구의 얼굴을 쳐다보면서 그러다 보면 재미있어지기도 하지! 적절한 맞장구를 쳐 주면서 이야기의 흐름을 끊지 않게 해야 하는데 우리 친구는 그 친구와 대화를 하기 싫어하는 것 같다는 느낌이 들지 않니?

내24: 그래요.(가만히 생각하고 침묵이 흐름)

상25: 저번에 이야기한 친구들이 너를 무시한다고 생각하는 이유가 무엇인지 생각해 보았니?

내25: 나와는 친구들이 놀아 주지 않아요.

상26: 철수가 평소 친구들에게 나쁜 말을 사용하고 친구들이 싫어하는 행동은 어떻다고 생각하니?

내26: 나쁘다고 생각해요. 하지만 그렇게 하지 않으면 친구들은 저를 쳐다보지도 않는걸요.

상27: 철수야, 친구관계에 있어서는 많은 노력이 필요한데 친구관계를 편하게 할 수 있도록 마음을 먹고 친구들에게 친절하게 대할 수 있도록 노력해 볼래?

내27: 네, 해 볼게요.

상28: 우리 매일 알림장을 쓰지?

내28: 네.

상29: 알림장에다 한 줄씩 쓰고 매일 읽는 거야.

내29: 뭐라고 쓰는데요?

상30: 우리 철수가 친구들과 친해지기 위해 노력하기로 했던 것을 쓰는 거야. 월요일은 고운 말 쓰기, 화요일은 친구 때리지 않기, 수요일은 친구 이야기 잘 들어 주기……. 어때 할 수 있겠지?

내30: 네.

5. 상담평가

1) 상담 과정에 대한 평가

내담자의 발달사와 가족관계를 볼 때 아버지의 폭력과 폭언 등

환경적인 것도 문제의 요인으로 보인다. 또한 부모의 무관심으로 인한 타인에 대한 공감능력 결여와 사회적 기술의 미숙, 공격적 성향 등이 원인으로 보인다. 내담자가 호소하는 내용에 초점을 맞추어서 또래들의 문화와 놀이를 이해하고 공유하게 하여 능력을 향상시키고 의사소통을 효율적으로 할 수 있도록 역할 연습을 하였다. 이 사례를 정리하면서 학생들은 겉으로 드러난 행동만으로 결론짓기가 어렵다고 생각했다. 학교 현장 교사들이 학생에 대한 선입견(편견)을 갖지 않고 학생을 있는 그대로 보고 인내와 열정으로 칭찬과 지지를 보낸다면 바람직하지 못한 행동을 하는 학생이 줄어들게 되고 바람직한 행동을 하는 학생들은 점점 증가할 것이라 생각한다.

2) 상담 결과 및 반성

친구들을 괴롭히고 수업시간에 잠시도 가만히 있지 못하는 내담자에게 자신의 문제를 스스로 깨달아 찾고 잘못된 행동을 하지 않도록 안내자 역할을 해주려고 한 것이 상담의 목표였다. 저학년인 관계로 장시간의 상담 진행이 어려웠다. 좀 더 시간을 가지고 상담을 진행해야겠다.

6. 사례 논평

본 사례에서는 담임 교사인 상담자는 교사들이 학생에 대해 선입견이나 편견을 가지지 않고 학생을 있는 그대로 보고 인내와 열정으로 바람직한 행동에 대해서 칭찬과 지지를 보낸다면, 바람직하지 못한 행동을 하는 학생의 수는 줄어들고 바람직한 행동을 하는 학생의 수는 증가할 것이라고 고백하고 있다. 단 1회 동안 30분 정도의 시간에 학생의 드러나는 행동에 대해 무조건 야단치지 않고, REBT 이론의 핵심인 생각과 정서 간의 관계에 대해서 초등학교 2학년 아동이 이해할 수 있는 수준의 이야기를 예로 활용하여 아동이 친구들에게 화가 나고 짜증이 나는 행동을 바꿀 수 있도록 도와주고 있다. 아쉬운 점은 본 회기 후의 내담자의 변화 상태에 대한 관찰이 있었으면 단회상담 효과의 지속성을 알 수 있었을 것이다.

03
나는 혼자인 게 편해요

1. 기본정보

1) 내담자 인적 사항
초등학교 6학년 남학생

2) 호소문제
"친구들과 친하게 지내고 싶지 않아요."

3) 가족관계
맞벌이를 하시는 부모님과 중학생인 누나, 쌍둥이로 태어난 형 (본교 같은 학년 재학 중)이 있다.

4) 상담 경위
올해 과학과 교과전담을 맡게 되면서 작년 학급 담임처럼 생활지도를 통한 자연스런 상담의 기회를 접하기가 너무 어려워졌다.

물론, 담임이 아니기 때문에 상담 대상을 찾기도 어려웠다. 그런 고민을 하던 중, 내가 과학수업을 맡은 학급 중에 작년 우리 반이 었던 친구가 떠올랐다. 그 학생은 작년에도 여러 번 상담을 해 왔었고 올해는 어떤지 걱정이 되어 동의를 구하고 상담을 시작하기로 했다.

2. 상담자료

1) 내담자의 특성

약간 마른 몸에 또래와 비슷한 보통 신장이다. 안경을 썼으며 똑똑해 보이는 외모를 지녔으나 헝클어진 머리와 제대로 챙겨 입지 못한 옷차림 때문에 멍해 보이는 경향이 있다.

2) 상담자가 파악한 내담자 문제

내담자는 작년 5학년 때 내가 맡은 학급 학생이었다. 그 당시 내담자는 4학년 말에 우리 학교로 전학을 와서 이제 새롭게 학교생활을 시작하는 때였다. 그런데 5학년 올라오자마자 학급 친구들의 반응이 처음부터 꺼리는 기색이 완연했다. 지저분한 용모가 무엇보다 문제가 된 것 같고 또 하나 친구들과 어울리려 하지 않는 태도가 주된 원인이었던 것 같았다.

부모님이 내담자가 깨어나기도 전에 출근을 하시기 때문에 알람소리에 맞춰 스스로 깨어나서 준비하고 학교에 등교를 해야 하는 상황이었다. 그런데 매번 등교 시간이 되어서야 깨어나서 그 상태로 가방만 들고 학교에 오기 때문에 옷차림이며 얼굴, 머리가 늘 지저분했다. 그래서 작년에는 어머님과 상담 과정 중간중간 통화를 통해 협조를 구하며 기본적인 생활태도를 갖추는 데 집중 지도하기도 했었다. 그러나 교우관계만은 여전히 호전되지 않았다. 무엇보다 주위 친구들과 어울리려는 노력은커녕 말 한마디도 하지를 않았다. 어머니와의 상담에서도 어머니는 쌍둥이 형제들을 어렵게 출산하고 어릴 때 많이 아파서 건강하게 자라기만 바라고 있었고 유치원 때부터 교우관계가 없었다면서 그리 걱정하지 않고 있었다.

올해 과학실에서 실험을 위해 모둠별 좌석배치를 하고 3월 한 달을 지켜봤지만 내담자는 여전히 친구들이 꺼리는 반응을 볼 수 있었고 내담자 또한 친구들에게 별 관심도 대화도 나누려 하지 않는 모습이었다.

3. 상담 목표

1) 정서적 목표
친구의 필요성, 소중함 알기

2) 행동적 목표
학급 친구들과 대화하고 어울려 지내기

4. 상담과정(축어록)

(상: 상담자, 내: 내담자)

1) 1회기

상1: 내담자에게 6학년이 된 기분이 어떠니?

내1: 좋아요.

상2: 올해 담임선생님은 여자 선생님이라 더 좋겠다. 어떤 점이 좋으시니?

내2: ….

상3: 지금 6학년 1반에 작년 같은 반이었던 이정우, 송창식 등 있는데, 그 친구들이랑 같이 놀고 어울리기도 하니?

내3: 아니요.

상4: 그럼, 6학년 1반에 새로 사귄 친구는 있니?

내4: 아니요.

상5: 그러면 영섭이는 누구랑 놀아?

내5: 안 놀아요.

상6: 영섭이는 쌍둥이 형이랑 잘 어울려 노는 건가?

내6: 아니요. 집에서 싸우기만 해요.

상7: 혼자 있으면 심심하지 않아? 친구랑 같이 놀면 재미있잖아.

내7: 집에서 게임하고 놀아요.

상8: 교실이나 운동장에서 친구들이랑 놀고 싶지 않아? 영섭이 달리기 잘하잖아.

내8: 놀고 싶기도 할 때가 있어요.

상9: 그러려면 친구가 있어야겠지.

내9: 그래요.

상10: 영섭이는 친구들에게 말도 걸고 친하게 지내려고 해 봤을까?

내10: 아니요. 별로 할 말이 없어요.

상11: 그렇구나. 어쩌면 영섭이가 아무런 말도 안하기 때문에 다른 친구들이 가까이 오지 않는 걸 수도 있지 않을까?

내11: 그럴 수도 있겠죠.

상12: 영섭이는 다른 아이들처럼 학교에 오면 여러 친구들이랑 얘기도 하고 어울리고 싶지 않니?

내12: 별로요.

상13: 영섭이는 친구가 필요하고 소중하다고 생각하니?

내13: 그렇다고 생각해요.

상14: 그렇게 생각하면서 친구들과 어울리려고 하지 않는 건 아직 영섭이가 친구의 소중함을 절실하게 느끼지 못하기 때문이 아닐까? 선생님과 계속 얘기하면서 함께 깨닫도록 해 보자. 그러면 친구들과 어울려 지내도록 노력도 하게 될 거야.

내14: 네.

상15: 친구가 필요하고 소중하다는 것을 알고 있다고 했지? 그렇지만 정작 친구들에게 다가가려는 노력은 하지 않고 가만히 있으면 친구를 사귈 수 있을까? 영섭이는 왜 친구들에게 말도 안 걸고 혼자만 있는지 그 이유를 말해 줄 수 있겠니?

내15: 애들이 나를 싫어해요.

상16: 왜 그런 생각이 들었어?

내16: 저랑 짝 되는 것도 싫어하고 자기들끼리 수군대며 저를 놀리는 것 같아요.

상17: 영섭이는 친구들이 자기를 싫어하는 것 같아서 말도 걸지 못하고 같이 놀려는 생각도 못한 거였구나.

내17: 그런 거 같아요.

상18: 친구들이 왜 영섭이를 싫어하는 것 같아?

내18: 지저분하다고. 냄새난다고 그래요.

상19: 네 생각은 어때?

내19: 제가 아침에 늦게 일어나서 바로 학교에 와서 매일 세수도, 양치질도 못하고 오니까 지저분하겠죠.

상20: 그래. 옷차림도 제대로 챙겨 입지 못해서 단정하지 못하고. 친구들이 꺼릴 수도 있겠는데 영섭이 생각은 어떻니?

내20: 애들이 저를 멀리할 수도 있을 것 같아요.

상21: 그래, 영섭이가 친구들과 말 한마디 못하고 어울리지 못하는 것이 '친구들이 영섭이를 싫어한다.'라고 생각해서 그런 거구나. 영섭이가 친구들이 자기를 싫어하는 것 같아서 친구들과 말도 못 걸고 어울리려는 노력도 못한다고 했지? 영섭이는 친구들이랑 대화도 하고 같이 놀고 싶다는 마음은 있니?

내21: 잘 모르겠어요. 그냥 혼자 있는 게 편해요.

상22: 영섭이 한자 많이 알잖아. 사람 인(人)가 어떻게 만들어진 글자인지 알지?

내22: 사람이 서로 기대어 있는 모습이요.

상23: 그래, 사람은 혼자서는 살 수 없는 존재이고 서로 서로 돕고 의지하며 살아야 하는 거야.

내23: 그건 저도 알아요.

상24: 어쩌면 영섭이의 혼자 있는 게 편하다는 마음이 친구들과 어울려 지내는 데 방해가 되는 건지도 모르겠어. 선생님이 이야기를 하나 들려줄게. 어느 중학교 남학생이 뇌종양이었대. 그 남학생은 방사선 치료와 화학요법 때문에 머리카락이 모두 빠져 버렸대. 몸도 아픈데 머리마저 대머리가 되어서 그 남학생은 사람 만나기를 두려워하고 학교 가는 것도 힘들어했대. 그 사실을 알게 된 한 친구가 친구의 아픔을 조금이라도 같이 나누고 싶었지만 어쩔 방법이 없었대. 그래서 자기의 머리를 완전히 밀어 버렸대. 그리고 하나, 둘, 셋……. 그 반 학생들 모두가 머리카락을 깎았대. 친구들의 마음에 감동한 뇌종양에 걸린 남학생은 의사가 놀랄 정도로 빠르게 회복되어 갔대. 놀라운 일이지?

내24: 정말 있었던 일이에요?

상25: 실제 있었던 일이야. 친구는 소중하고 꼭 필요한 것이야.

내25: 정말 그런 일이 있었다면 친구들이 기적을 일으킨 거네요.

상26: 그래, 영섭이에게도 이런 친구들이 생기면 좋지 않을까?

내26: 좋을 것 같아요.

상27: 영섭이를 친구들이 꺼리는 이유가 지저분하기 때문이라고 생각한다고 했지?

내27: 네. 그랬어요.

상28: 그래서 영섭이는 친구들이 싫어하는 것 같으니까 말도 못 걸고 어울리지도 못하고. 그래서 그냥 혼자서 지내는 것이고. 과연 이것이 영섭이에게 좋은 일일까?

내28: 아니요. 친구가 있으면 같이 말도 하고 장난도 치고 놀기도 하면 좋을 것 같아요.

상29: 조금 전에 들려준 대머리 친구들 이야기처럼 영섭이에게도 좋은 친구들이 생길 수도 있는 것이고. 영섭이는 친구들이 싫어하는 이유가 지저분하기 때문이라고 했는데, 그러면 단정하고 깨끗해지면 어떨까?

내29: 친구들이 싫어하지 않을 것 같아요.

상30: 그런데 왜 지금까지 그러지 못한 거지?

내30: 아침에 혼자 일어나야 해서 제때 일어나는 게 힘들어요.

상31: 그랬구나. 그렇지만 영섭이가 계속 그런 생활습관을 고치지 못한다면 친구들이랑 어울릴 수 있을까?

내31: 아니요. 지금처럼 친구가 없겠죠.

상32: 그래. 그러니까 이번에 한번 노력해 보자. 처음 시작이 어렵지만 아침에 한번 일찍 준비하고 학교에 나오면 그다음부터는 생각보다 어렵지 않을 거야.

내32: 힘들 것 같은데….

상33: 그러니까 선생님이랑 약속도 하고 노력해 보자는 거야. 내일부터 일주일간 아침에 일어나서 꼭 세수, 양치질을 하고 머리도 빗고 옷도 단정하게 입고 학교에 오기로 말이야. 영섭이는 잘할 수 있을 거야.

내33: 알았어요. 해 볼게요.

2) 2회기

상1: 일주일 동안 아침에 일찍 준비해서 학교에 왔니?

내1: 매일은 못했어요. 그래도 3일은 했어요.

상2: 어때? 많이 힘들었니?

내2: 힘들진 않았어요. 눈만 번쩍 뜨면 일어날 수 있었어요.

상3: 그래. 깨끗한 모습으로 학교에서 오니까 어땠어?

내3: 저는 잘 모르겠는데 선생님이 칭찬하셨어요. 애들도 '와' 하고 놀랐어요.

상4: 정말 잘했다. 너한테 냄새난다고 지저분하다고 하는 친구가 있었니?

내4: 아니요.

상5: 친구들이 너를 대하는 게 여전히 피하는 것 같니?

내5: 잘 모르겠지만 피하지는 않는 것 같아요.

상6: 그것 봐. 영섭이가 일주일 동안 노력하니까 친구들도 너를 새로운 눈으로 보는 거야.

  그래서 애들이랑 말은 해 봤어?

내6: 아니요. 말은 안 했어요.

상7: 그랬구나. 한꺼번에 다 하려면 힘들어. 이제 매일매일 깨끗하고 단정한 모습으로 학교에 계속 오도록 하자. 그리고 친구들이랑 대화를 시작해 보자.

내7: 무슨 말을 할지 모르겠어요.

상8: 선생님이 생각할 때는 수업시간 모둠활동 할 때나 토의수업 할 때 모둠친구들에게 얘기를 나누어 보는 것부터 시작하는 게 좋을 것 같아.

내8: 그거는 할 수 있을 것 같아요.

상9: 그래. 영섭이가 할 수 있다고 마음을 먹는 게 정말 중요한 거야.

그렇게 친구들과 얘기를 시작하다 보면 쉬는 시간이나 평상시에
도 대화를 하게 될 것이고 그러다 보면 너도 모르게 주위에 친구
들이 생기게 될 거야.

내9: 그렇게 해 볼게요.

상10: 그래, 그러면 이제부터는 매일 아침에 일찍 일어나서 깨끗하고
단정한 모습으로 학교에 오는 것만 하지 말고 친구들과 수업시간
에 대화 나누기를 해 보도록 하자. 할 수 있겠니?

내10: 알겠어요. 해 볼게요.

상11: 그래. 선생님은 영섭이를 믿어. 곧 영섭이한테도 좋은 친구들이
많이 생길 거야.

5. 상담 평가

작년 이 내담자를 대했을 때도 학급친구들이 애써 피하려 하고
멀리하려 한다는 것을 알았다. 그것이 내담자가 지저분한 것도 이
유가 될 수 있지만, 무엇보다 다른 친구들과 전혀 대화하거나 같
이 어울리려 하지 않는 태도가 더 문제라고 생각했었다. 그래서 이
번 상담을 계기로 그 태도를 바꿔 주기 위해 불합리한 생각을 합리
적인 생각으로 전환하고 싶었다. 그런데 상담 과정에서 학급 친구
들과 어울리지 못하는 것이 관심이 없어서가 아니라 다른 친구들
이 자기를 싫어하기 때문에 다가갈 엄두조차 못 내고 있다는 것을
알았다. 그래서 먼저 친구의 소중함을 '대머리 친구들' 예화를 통
해 인식시키고 내담자에게도 좋은 친구가 생기려면 정서적 · 행동

적 변화가 필요하다는 것을 실용적 논박을 통해 납득시켰다. 내담자가 소극적인 태도로 상담에 임했지만, 의외로 미숙한 상담진행에도 불구하고 잘 따라 주어서 소기의 목적을 달성할 수 있었던 것 같다.

아직 내담자의 문제가 해결되기에는 첫걸음에 불과하다. 그러나 다행스럽게도 나에게는 내담자를 지켜보고 상담할 수 있는 시간이 아직 많이 남아 있다. 이후에 내담자가 학급친구들과 대화를 시도하면서 겪을 수도 있는 좌절감에 공감을 하면서 심리적 친밀감을 도모할 것이고 어느 정도 대화가 진행된다면 합리적 진술문도 같이 작성하여 낭독하게 하는 것도 시도해 보고 싶다.

6. 사례 논평

본 사례는 2회에 걸쳐 이루어진 사례이다. 단 2번의 상담과정을 거쳐서 내담자의 핵심비합리적인 생각은 상담자가 가설적으로 생각했던 "내담자가 다른 학생들에게 관심이 없다."가 아니고 자기초점적 사고인 "친구들이 자신을 모두 싫어하기 때문에 다가갈 수 없다."라는 것을 찾게 되었다. 상담자는 본 사례의 상담자가 그렇게 했던 것처럼 항상 내담자의 비합리적 생각에 대한 가설을 지니고 접근하는 것이 좋다. 단, 가설은 가설이기 때문에 상담자의 생각이 틀릴 수 있다는 것을 염두에 두어야 본 사례에서처럼 내담자를 괴롭히는 핵심적인 생각을 쉽게 찾아낼 수 있다.

본 사례에서는 이를 잘 찾아내서 논박을 성공적으로 수행하였으나 마지막 부분에 상담자가 무조건 너의 태도를 바꾸면 친구들이 많이 생길 것이라고 밀어붙인 것은 위험한 발상이다. 만약에 내담자가 상담자와 이야기한 대로 자기 삶의 태도를 바꾸었는데도 친구가 생기지 않으면 상담자의 노력은 헛수고가 될 수 있으므로, "네가 태도를 바꾸었을 때에 친구들은 어떤 행동 양식을 보일지 한번 관찰해 보자." 정도의 반응이 오히려 내담자가 자신의 태도와 행동이 다른 사람의 반응을 어떻게 유도하는지에 대해서 관심을 끌게 하고 자신도 타인과의 관계 속에서 존재하는 존재임을 깨닫도록 도울 수 있을 것이다. 아울러 상담을 여기에서 그치지 말고 지속해서 상담을 하여 그 생각에 대한 현실 검증 그리고 자신의 몸가짐을 깨끗이 하는 등의 친구들이 자기를 멀리할 요소를 없앤 다음에 스스로 다가가는 행동 연습, 그리고 친구에게 다가갔을 때 친구들이 거부하더라도 굴하지 않고 또 다른 친구에게 먼저 다가가는 수치심 공격하기 연습(shame attacking exercise) 등을 통해 친구들이 모두 자기를 싫어하는 것이 아니고 설사 한두 친구가 싫어한다 해도 별문제 될 것이 없음을 확실하게 깨닫게 해 주었더라면 금상첨화였을 것이다.

04

단체행사에
참여하기 싫어요

1. 기본정보

1) 내담자 인적 사항
초등학교 6학년 여학생

2) 호소 문제
"단체행사에 참여하기 싫어요."

2. 상담자료

1) 심리적 상태
(1) 심리 내적 문제와 심리 외적 문제
① 정서적
• 우울, 불안, 초조, 외로움, 소외감, 열등감

② 인지적

• 친구들에게 욕을 들어서는 안 된다.

• 욕을 듣는 행동을 해서는 안 된다.

• 그것은 내가 부족해서 욕을 듣는 것(자기비하)이기 때문이다.

• 나는 잘하는 게 없다.

③ 행동적

• 소극적으로 참여(혼자 책 읽기, 눈치 보기)한다.

④ 외적 문제

• 신체적 문제/의학적 문제는 없다.

• 어릴 때 병약하여 엄마의 과보호 경향이 있었으나, 현재는 신체적으로 건강하다.

(2) 생각과 정서의 구분

① 생각

친구들에게 욕을 들어서는 안 된다. 욕을 듣는 행동을 해서는 안 된다. 그것은 내가 부족해서 욕을 듣는 것(자기비하)이기 때문이다. 나는 잘하는 게 없다.

② 구분

• 적절한 정서: 생활기능에 악영향을 주지 않는다. 하지만 외롭다.

• 부적절한 정서: 강도가 지나쳐서 생활기능에 심각하게 악영향을 미친다. 소외감이 든다.

2) 선행사건의 탐색과 명료화

• 문제의 선행사건은 이미 일어난 것이고 변하지 않는다.

• 내담자의 비합리적인 생각에 초점을 두고 사건에 대한 내담자의 평가에 초점을 둔다.

(1) 선행사건

4, 5학년 단체 활동(숙박)에 참여하지 못하였고, 6학년 수학여행에 처음 참여해 보았으나 길을 잘 찾지 못해 친구들과 불편한 일이 있었고 밤에 잠을 자기가 힘들었다. 잠을 못 잔 이유는 놀러 가면 친구들은 밤샘을 많이 하는데 자신이 자는 동안에 친구들이 혹시 자신의 이야기나 욕을 할 것 같아 걱정되기 때문이다.

(2) 객관적 사건

친구들을 기다리게 하여 친구들이 불평하였고 현재 학급에서 친하게 지내는 친구가 없다. 잠을 잘 자지 못한다. 체육시간 활동을 잘하지 못해 팀 점수에 영향이 있다고 친구들에게 불평을 듣는다.

(3) 주관적 사건

잠을 자는 동안 친구들이 욕할까 봐 걱정이 되어 잠을 자기 어렵다. 아이들이 자신이 행동이 느리고 못한다고 나에게 친하게 대하지 않는 것 같다. 이전에는 친한 친구들이 많았는데 지금 반에서는 그렇지 않다. 친구와 어울리고 싶지만, 자신은 행동도 느리고 잘하는 게 없어서 친구들이 좋아하지 않을 것 같다고 한다.

3) 비합리적 신념의 명료화

(1) 비합리적 생각의 수준

- 자동적 사고: 아이들이 나를 싫어한다.
- 추론과 귀인: 잘하는 게 없는 나를 싫어하는 것 같고 뒷말하며 내 욕을 하고 있을 것 같아서 늘 신경이 쓰인다.
- 평가적 인지(정서적): 체육시간에도 내가 못한다고 욕을 한다. 나는 잘하는 게 없고 친구들과도 잘 지내지 못하고 싫어하니 나는 부족한 사람이야.
- 핵심인지(내재된 신념): 절대 욕을 들어서는 안 된다.

(2) 요소

당위성, 자기비하, 낮은 인내심

(3) 특성

논리성 결여, 융통성 결여, 실용성 결여, 부적응적 파급효과

4) 문제의 해결: 논박하기

(1) 인지적 기법

그 생각이 사실인가. 그것이 그렇게 끔찍한 일이 되는가? 그 생각이 원하는 목적(친구들과 잘 지내는 데)을 이루는 데 도움이 되는가?

(2) 정서적 기법

- 자기진술 및 대화: 친구들이 뒷말할까 봐 걱정될 때 "친구가 뒷말하는 걱정은 사실이 아닐 수도 있다. 누구든 친구 이야기를

뒤에서 할 수 있다. 신경 쓰지 않겠다."

(3) 행동적 기법
- 나의 장점 적어 보기 과제
- 사람들마다 잘하고 못하는 것의 능력 차이는 모두 있다.
- 지금 반에서 친하게 지내는 친구가 없지만 다른 반에 친한 친구가 있으니 친구가 없는 것은 아니다.

5) 문제해결의 유지 및 실천-숙제
- 무엇을 할 수 있을까: 친구들이 하는 이야기에 신경 쓰일 때 다르게 할 수 있는 일 찾아보기, 친구에게 먼저 말 걸어 보기

6) 종결
- 오늘 상담하고 난 뒤 기분
- 상담에서 도움이 되었던 점
- 계속 실천하고 유지할 수 있는 것

3. 상담목표의 설정

1) 정서적 목표
- 우울감의 완화, 소외감과 열등감에서 벗어나기

2) 행동적 목표

• 소극적 행동 변화를 통한 친구들과 관계 맺기

3) 학교생활 활기 찾기

4) 비합리적 신념을 합리적 신념으로 변화시키기

'친구에게 욕을 절대로 들어서는 안 된다.'라는 비합리적 신념을 수정한다.

4. 상담과정(축어록)

(상: 상담자, 내: 내담자)

상1: 담임 선생님께서 수련활동에 참여하지 못할 것 같다고 해서 선생님이 참여하지 못하는 사정을 들어 보려고 하는데 괜찮겠니?

내1: 저는 잘 모르겠는데…… 엄마가 안 간다고 전화했나요?

상2: 그렇구나. 엄마랑 이야기를 나누지 못했었나 보구나. 엄마가 할머니 댁에 가야 할 일이 있다고 하셨다던데?

내2: 저는 잘 모르겠어요.

상3: 그러면 만약 수련회 마치고 할머니 댁에 갈 수도 있다면 너는 수련회에 갈 수 있니? 학교수업이면 수업을 다하고 가지 않았을까?

내3: 엄마가 가라구 하면 갈 거예요.

상4: 수련회는 네가 가는 것인데 엄마의 생각대로 결정하는 것처럼 들리는구나. 수련회 참석하지 않는 이유가 할머니 댁 가는 것 말고 다른 이유가 있지 않을까 하는 생각이 드는데 어떠니?

내4: 네. 그것도 맞아요. 사실은 저는 밖에 나가서 친구들과 자는 행사에는 6학년 이전에는 참여 안 했고 1학기 수학여행 때 처음으로 가 봤어요.

상5: 지금까지 안 가다가 수학여행에 참여하겠다고 한 것에는 많은 용기가 필요했겠는데? 수학여행을 갔다 오고 나서는 어땠니? 예를 들어서 용기를 낸 만큼 결과가 네 마음에 만족스러웠는지, 아니면 괜히 갔네 하고 후회가 되었는지, 어떤 마음이 들었는지?

내5: 그냥 그랬어요.

상6: 그냥? 좋은 것도 싫은 것도 아니고?

내6: 네.

상7: 그러면 이번 수련활동에도 용기를 한 번 더 낼 수 있을 텐데 그렇게 하고 싶지 않은 거니?

내7: 수학여행에는 7명이 같이 잤는데 이번 수련회에서는 우리 여학생 모두 같이 잔다고 해서요.

상8: 친구들이랑 같이 자는 것이 좋은 추억이 될 수 있는 친구도 있는데 너는 많이 부담스러운가 보구나.

내8: 네. 제가 잠버릇이 좀 안 좋기도 하구요. 벌레 같은 것도 있으면 잠을 잘 못자고 그래요.

상9: 잠버릇은 누구나 다 있는 거지. 네가 불편하다면 신경이 좀 쓰이기는 하겠구나. 선생님도 사실 밖에서 자는 것 불편해.

그래도 여행이라고 생각하고 추억을 만들 수도 있고 평소 못하던 이야기도 많이 하고. 선생님은 가끔 결정을 내리기 어려울 때는 좋은 것이 더 많은 쪽으로 생각해서 판단한단다. 너도 수련활동이 좋은 것보다 싫다는 생각이 더 많으면 안 가고 싶을 것 같아. 지금 말한 그 이유도 있겠지만 다른 이유는 없는 거니? 사실 선생님이 보면 애들은 기분이 막 들떠 있던데. 네가 이야기한 좀 불편한 일들은 다른 친구들도 가지고 있는 생각인데도 수련회를 가고 싶어 하고 기대하고 있는 친구들은 기대하고 있잖아? 그래서 네게 혹시 다른 이유가 있는지 물어보는 거야.

내9: 수학여행 가면 아이들이 밤샘 많이 하는데 저는 잠을 자는 게 힘들어요. 신경이 쓰여서요. 그리고 다른 사람 눈에는 안 보이는데 저는 벌레도 잘 보이고 귀도 밝아서 소리도 잘 들려요.

상10: 잠을 못자서 힘들다는 이야기니? 아니면 친구들 떠드는 게 싫다는 것인지. 어떤 부분이 힘들다는 건지 구체적으로 이야기해 줄 수 있겠니?

내10: 자는 동안 뒷말할 것 같아서요. 그래서 자면서도 신경이 쓰이는데 잠을 잘 안 잘 수도 없고 그래서 힘들어요.

상11: 음, 그렇구나. 네가 수련회 같은 행사에 안 가고 싶을 만큼 마음이 힘든가 보구나. 수학여행도 용기 내서 갔는데 이번 수련회도 가 볼까 시도해 보려니 용기 내기가 힘든 것 같구나.

내11: 네에.(고개를 끄덕인다)

상12: 그랬구나. 그런데 선생님이 좀 궁금한데. 친구들이 뒷말을 할지도 모른다는 생각으로 힘들다는 것이니? 아니면 실제로 뒷말을 한 이야기가 마음에 걸려 또 그럴 것 같아 신경 쓰인다는 말이니?

내12: 제가 귀가 밝아요. 교실 저기서(앞문 쪽에 앉아 있는데 뒷문 쪽을 가리키며) 이야기해도 이야기가 들려요.

상13: 실제로 그런 적이 있었던 일은 어떤 이야기였는지 말해 줄 수 있어?

내13: 친구들이 체육하고 와서 제가 못해서 팀 점수 못 냈다고 뒷말하는 것 들었어요.

상14: 그런 일이 있었구나. 속상했겠네. 근데 체육 못하는 게 큰 죄도 아닌데 억울하지 않았어? 샘은 화가 많이 날 것 같은데.

내14: 제가 행동도 느리고. 잘하는 게 없으니까? 음. 또 사실은 제가 좀 자존심 때문에 못하는 것도 있어요. 수학여행 가서 아이들을 기다리게 했던 일이 있는데 이건 이야기하기 좀 곤란해요.

상15: 이야기하기 힘든 부분인가 보네. 근데 친구야, 네가 자꾸 부족하고 잘하는 게 없다고 하는데. 사람들은 각자 다른 능력을 가지고 있지 않니? 체육 잘하는 친구, 글짓기, 그림. 모든 사람은 다 모든 것을 잘해야 되는 것은 아니잖아? 또 어떻게 다 잘할 수 있냐? 우리가 보기에 여러 가지 잘하는 몇 명은 드물게 있을 수도 있지만. 이 세상 사람 대부분은 모든 것을 잘할 수 있는 완벽한 사람은 없다고 봐. 우리는 신이 아니고 사람이잖아? 신이 아닌데 어떻게 완벽할 수 있어? 이야기하는 그 친구들은 다 잘하는 것도 아니잖아? 왜 그렇게 뒷말이 마음에 걸리는 걸까?

내15: 근데 저는 딱히 잘하는 게 없어요. 체육은 노력한다고 되는 것도 아니고요.

상16: 너는 내가 모든 것을 잘해야 친구에 인정받을 수 있다고 생각하는 거니? 지금부터라도 네가 잘하는 것을 잘 찾아보고 또 부족한 것도 지금부터 채워 가면 되지 않을까? 네가 6학년이면 열두 살? (네) 남은 시간이 더 많지 않니? 12년보다 훨씬 더 많이. 아까도 이야기했는데 누구나 잘하는 것은 다 다를 수 있다는 거야. 모두 부족한 것은 비슷한 처지인데 나 같으면 뒷말하는 것 들으면 억울하고 화날 것 같아. 혹시 그 친구에게 네 마음을 표현해 봤어? 체육은 내가 좀 못하는데 사람마다 잘하는 게 다르다고. 그렇지만 나는 최선을 다했으니 팀점수 못 올린 것은 미안한데 내가 어떻게 할 수 없는 거라고, 네가 그렇게 이야기하니 속상하다고 말이야.

내16: 아니요. 그냥 내가 못하니까 그냥 그렇구나 생각하죠. 그런데 참기는 하는데요. 저도 성질이 있어서 한 번씩 욱해요. 욱하고 나면 좀 그래요.

상17: 샘도 욱하고 싶을 때가 있어. 모든 사람들 다~ 있을 거야. 단지 화를 표현하는 방법은 사람들마다 차이가 있기는 하지. 네 마음에 있는 감정을 표현하는 연습을 자꾸 해야 편하게 표현할 수 있을 것 같아. 좀 힘들 것 같지만 조금씩 해 보면 좋겠어.

내17: 우리 반은요. 세 파로 나누어져요. 꾸미기 잘하는 친구들, 체육 잘하고 좀 시끄러운 친구들, 또 나머지는요. 그냥 끼지 못하는 애들 좀 몇 명…… 그래요. 그런데 저는 체육도 만들기 같은 것도 다 못해요. 그렇다고 남은 애들이랑 친한 것도 아니구요. 체육 잘하는 좀 시끄러운 그 친구들이 저에게 뭐라 뭐라 말을 해요.

상18: 반에서 친하게 지내고 내 마음을 이야기할 수 있는 친구가 없구나.

내18: 네. 5학년 때는 그래도 애들이 좀 있었는데 지금은 아니에요.

상19: 그래서 외롭겠구나. 친구들과 잘 어울리고 싶은데…… 다른 반에 친구가 있는 것을 보니 네가 친구가 없는 것은 아니고 지금 반에 친구들이 없다는 거구나. 사실은 네가 지금 친구와 잘 어울리고 싶다는 거지? 잘해야 친구와 잘 어울릴 수 있다고 생각하는 거고?

내19: 네. 교실에서 생활하는 시간이 많잖아요.

상20: 친구들에게 친하게 지내려고 다른 노력을 해 본 것은 어떤 것이 있니?

내20: 그냥. 어울리는 파가 있어서…… 제가 잘하는 것이 없어서.

상21: 꼭 잘해야만 친구로 끼일 수 있는 걸까? 우리는 각기 다른 사람들이라 각기 잘하는 것, 장점이 다르니 너도 잘할 수 있는 게 있을 텐데?

내21: 우리 반은 그냥 그렇게 세 파로 나뉘어 있어서 그렇게 잘 어울리니까 …… 저는 그냥 욕만 안 먹었으면 좋겠어요.

상22: 욕? 뒷말을 말하는 거니? 체육 잘하는 애들이 뭐라 뭐라 하는 그런 이야기?

내22: 네. 뒷말이요. 혹시 내 욕을 하는가 싶어서요.

상23: 그런데 친구들이 이야기하는 모습이 신경 쓰인다고 했는데 친구들이 늘 항상 네 뒷말을 하는 것일까? 사람들의 생각이 가끔은 맞을 수도 틀릴 수도 있잖아? 추측이니까.

내23: 그렇겠죠. 그런데도 신경이 쓰여요.

상24: 신경이 쓰인다. 사실 아무리 귀가 밝아도 멀리 있거나 작은 소리는 내가 신경을 쓰고 들어야 잘 들리지 않니? 뒷말은 큰 소리로 하는 것은 아니잖아? 네가 아까 눈이랑 귀가 밝다고 했었는데 친구 이야기하는 모습, 이야기가 왜 그렇게 신경이 쓰일까? 친구들이 이야기하고 있네 하고 그냥 가볍게 네가 다르게 생각할 수도 있을 텐데 말이야. 친구들이 이야기하는 모습을 보면 그때 네 마음이 어떻다고 표현할 수 있을까? 감정표현으로 예를 들면 슬프다? 이런 것처럼.

내24: 불안, 초조? 네. 불안하고 초조한 것 같아요. 내 뒷말하는 것 아
닌가?

상25: 늘 긴장하고 있나 보구나. 불안하고 초조할 만큼. 친구야. 있잖
아. 쉬는 시간은 짧잖아? 하고 싶은 이야기가 다른 것도 많지 않
을까 싶은데? 그런데 네가 뒷말하는 것 같다는 생각으로 불안하
고 초조하다면 아까 네가 원하는 친구관계에 정작으로는 도움이
되는 생각일까? 그게 사실인지 아닌지도 모르는데 말이야.

내25: 아니오. 자꾸 눈치를 보니까 저도 자꾸 소극적으로 되는 것 같
아요.

상26: 선생님은 네가 어떤 생각과 행동을 할 것인지 결정해야 되지 않
을까 싶네. 내가 이 상황에서 불안해서 눈치를 볼 건가? 아니면
친구가 이야기하는 것이 내 뒷말인지 사실인지 그것은 친구의 이
야기고 나도 친구들 이야기할 수 있듯이 친구도 이야기할 수 있
고. 내가 친구에게 잘못한 것이 없다면 굳이 눈치 볼 것 없이 당
당할 수 있다고. 그러면 그렇게 불안하고 초조하게 친구의 눈치
를 보지 않고 좀 편할 수 있을 것 같은데 어떠니? 친구들이 이야
기하고 있는 상황을 해석하고 결정하는 것, 누가 그것을 선택할
수 있지?

내26: 제가요.

상27: 그렇지! 그러면 네가 받아들이는 생각을 다르게 할 수 있지 않을
까? 친구들의 뒷말이 계속 신경 쓰여서 행사마다 참여 안 하고,
또 앞으로 중학교, 고등학교에 가면 여러 행사가 있을 건데 그때
도 이렇게 참여 안 할 건가? 음. 참여 안 할 건가라는 표현보다는
선생님은 이 상황에서 그냥 피해서 도망가는 것 아닐까 생각하는

데 너는 어떻게 생각해?

내27: 맞아요.

상28: 그래. 그냥 피하고 안 할 것인가? 아니면 지금 내가 어렵기는 하겠지만 도전하면서 이겨 내는 연습을 하면서 자신감을 키워 나갈 것인가? 선택해서 행동할 수 있는 사람도 바로 네 자신이지? 우리가 환경과 내 주변사람을 바꾸는 것은 엄청나게 힘들어, 그 사람이 바뀌어야겠다고 생각하지 않는 이상은 말이야. 이처럼 상황이나 친구를 내가 바꾸긴 힘들어. 그럼 누가 생각을 바꾸어야 달라질 수 있을까?

내28: 저요.

상29: 그렇지, 똑똑하구나. 상황을 어떻게 받아들이는가 결정권은 바로 나 자신이라는 것, 잘 생각해 봐. 내가 생각을 다르게 하면 상황도 다르게 보이지 않을까?

내29: 그런데 쉽지 않을 것 같아요.

상30: 당연히 그렇지. 무언가 내가 하던 습관과 다른 것을 해 본다는 것은 굉장히 어려운 일이지. 방송조회 때 교장선생님 하신 말씀, 생각을 바꾸면 행동이 바뀌고 습관이 바뀌고 삶이 바뀌고 미래가 바뀐다는 것 기억하니?

내30: 네.

상31: 그게 바로 이런 이야기야. 자, 잘 들어 보렴. (ABC 그림을 그리며) 밤중에 길을 가다가 뒤에서 부스럭 소리가 났어. 어떤 사람은 '누군가 나를 죽이려는가 보다.' 하고 엄청난 두려움에 떨었어. 그런데 다른 사람은 '고양이인가?' 생각했어. 물론 소리에 좀 놀라기는 했지만 앞의 사람처럼 겁에 질리고 두려워하지는 않았겠지? 이 두 사람은 어떤 차이로 이런 감정을 다르게 느꼈겠니?

내31: 생각이요.

상32: 그래 맞아. 죽일 것 같다고 생각하면 엄청 무서웠을 것이고, 고양이라고 생각하면 놀랐겠지? 이 경우는 어떠니? 예를 들어 사업을 하다가 완전히 망했어. 한 사람은 세상이 절망적으로 느껴졌어. '모든 게 끝이야. 나는 더 이상 살고 싶지 않아.' 또 다른 한 사람은 '지금은 힘들지만 나는 다시 할 수 있어. 비 온 뒤에 땅이 굳어진다고 하는 속담도 있어.' 이렇게 생각한 사람은 힘들고 속상하지만 앞의 사람처럼 절망하고 살고 싶지 않을 만큼은 아니겠지? 두 사람의 차이가 무엇이니?

내32: 생각이 달라요.

상33: 그래, 맞아. 정말 똑똑하구나. 이 이야기는 REBT 상담기법이라고 하는 건데 아주 훌륭한 심리학자가 힘들게 고민을 하는 많은 사람들을 연구하며 지켜보면서 나온 결과란다. 생각에 따라 행동, 감정이 결정된다고 말이야.

내33: 어, 정말요?

상34: 신기하지? 너만 고민하고 있는 게 아니고 많은 사람들도 어떠한 사건이나 상황에서 자신의 생각 때문에 많이 힘들어하기도 하고 또 극복할 수 있다는 것을 보여 주는 이야기지? 선생님의 이야기를 이해할 수 있는 걸 보니 너도 내가 겪는 상황을 다르게 생각할 수 있는 충분한 능력을 가진 친구라고 보여. 친구들과의 상황에서도 네 생각을 다르게 할 수 있을 것 같아. 어떠니?

내34: 네, 그럴 수 있을 것 같아요. 제 생각을 바꾸면 될 것 같아요.

상35: 예를 들어 어떤 생각을 바꿀 수 있을 것 같니?

내35: 음……. 친구들이 이야기를 하고 있어도 내 뒷말하는 것이 아닐 수도 있을 거니 내가 신경 쓰는 것을 다르게 해 볼게요.

상36: 오. 좋은 생각이야. 지금 교실에 간다면 어떻게 다르게 해 볼 수 있겠어?

내36: 음…… 친구에게 가서 이야기해 볼 수도 있고요. 책을 좋아하니 까 그냥 신경 안 쓰고 책을 볼래요.

상37: 친구에게 이야기하려고 갔을 때 친구들과 쉽게 이야기가 잘 안 되면 실망할 수도 있을 텐데 그때는 어떻게 하겠니?

내37: 처음부터 잘 안 될 수도 있지만 노력해 볼 거예요.

상38: 우와. 대단한데. 교실에 가야 할 시간이 되어서 마쳐야 할 것 같 은데. 어때 상담하고 나서 기분은?

내38: 좀 가벼워진 것 같아요.

상39: 다행이구나. 수련회 활동 참가는 엄마의 결정대로 따른다고 했었 는데 어머니께 네 생각을 이야기하면서 의논해 보렴.

마치기 전에 오늘 상담하면서 네가 도움이 된 부분이 있다면 어 떤 것이 있니?

내39: 생각을 바꾸는 것 하고요, 내가 도망가는 것보다는 도전해 봐야 겠다는 용기가 좀 생긴 것 같아요.

상40: 선생님도 네게 도움이 되어서 좋구나. 네 도전이 힘들 수도 있지 만 극복하면 훨씬 더 큰 자신감이 생길 거라고 생각해. 힘내서 도 전해 보렴.

내40: 네, 감사합니다.

상41: 그래, 잘 가.

5. 사례 논평

본 사례는 교과담임 교사에 이루어진 사례이다. 초등학교 6학년인 내담자는 반 친구들과 함께 수련회 등 단체활동을 거부하는 학생이다. 상담을 통해 확인한 내담자의 비합리적 생각은 "학생들이 함께 모여 있으면 뒷말을 하고 뒷말의 내용은 자신에 대한 험담일 것"이라는 생각이다. 본 상담자는 이 내담자와 상담을 하면서 아이들이 모여서 내담자 험담을 할 것이라는 것은 내담자의 추론적 수준의 생각일 뿐 사실이 아니라는 점을 지적하고 또 그것이 사실 (친구들이 내 욕을 하는 것)이라고 할지라도 내가 남의 이야기를 할 수 있듯이 남들도 내 이야기를 할 수 있다는 현실성을 부각해 내담자를 잘 이해시키고 있다. 또한 사고와 정서와 행동의 관계에 대한 심리교육도 초등학교 6학년인 내담자는 잘 이해를 하고 있으며 내담자로 하여금 새로운 행동에 도전할 용기를 갖게 하고 있다.

Part 2

중·고등학생 상담사례

Single session REBT for Beginner

05

얼굴이 못생겨서
친구들이 나를 싫어해요

1. 기본 정보

1) 내담자 인적 사항
이영희(가명), 중학교 2학년 여학생

2) 호소문제
"얼굴이 못 생겨서 아이들이 저를 싫어해요."
"친구들이 싫어해서 학교가기 싫어요."

3) 상담 경위
6학년 때 왕따의 시작으로 전학을 3차례 반복하였으며, 학교 적응에 어려움을 보인다. 1년 6개월 정신과에서 약물치료와 상담을 받던 중에 중학교 2학년 3월에 전학을 온 지 이주일 만에 등교거부로 본 센터에 내원하였다.

4) 상담배경

6학년 때 가장 친한 친구가 자신을 뒤에서 욕하면서 다닌 것을 알았고, 친한 친구가 자신을 주도적으로 왕따를 시키는 상황에서 상처를 받고 학교 담임 선생님과 부모님과의 분쟁에서 갈등상황을 피하고 싶은 마음으로 전학을 3차례 반복하였다. 적응의 어려움과 스트레스로 인하여 밥을 먹으면 반복적으로 머리가 아프고 체하고 얼굴을 손으로 뜯어내는 행동을 보인다.

아침마다 등교거부로 어머니와의 갈등, 어머니의 냉소적인 반응에 상처를 받고 있다.

2. 상담자료

1) 내담자의 특성
(1) 인상 특성

내담자는 몸이 두드러지게 마르고 키가 큰 편이며 작은 얼굴에 여드름이 많이 나 있고 각진 턱, 작은 눈까지 내려온 머리카락, 유분이 많아 보이는 머릿결이 3일 정도 감지 않아 보인다.

(2) 행동 특성

등교거부로 아버지가 아침마다 차로 태워다 주고, 오후에는 어머니가 데리러 간다. 등교 후에도 집에 가고 싶다고 어머니에게 전화하고, 학교 담임에게 조퇴하고 싶다고 요청을 반복적으로 한다. 또한 수업 시간에 모둠수업, 이동수업을 힘들어하고 체육, 과학 시간에는 등교 거부에 대한 저항이 심해서 어머니와의 갈등 상황이 지속되고 있다. 집에 와서는 어머니에게 신경질적인 반응과 2시간 이든 3시간이든 계속 울면서 전학 보내 달라고 한다.

2) 문제 형성사

초등학교 6학년 때 왕따로 전학, 일반 중학교 1학년 때 왕따 문제로 경기도 대안학교로 전학, 중학교 2학년 3월에 서울에 있는 일반 중학교로 다시 전학했다. 친구들이 자신을 싫어하고 따돌린다는 생각과 우울한 얼굴표정, 우리 반에 자신보다 못한 아이도 친구가 있는데 자신은 진정한 친구가 없고 갈등상황에서 회피하고 싶은 마음에 전학을 원하고 있다.

3. 상담과정(축어록)
(상: 상담자, 내: 내담자)

상1: 울었구나. (어깨를 두드리며)

내1: 학교 가기 싫어요. 제가 왜 학교를 가야 해요. 전학 가고 싶어요. (울면서 이야기한다.)

상2: 전학 가고 싶은 만큼 학교에서 속상했구나. 오늘 늦게 온 거랑 관련 있는 거니?

내2: 항상 밥을 먹는 4명이 있거든요. 일주일 전부터 소은이가 냉소적인 것 같았어요. 잘 지내고 싶어서 밥 먹기 전 쉬는 시간에 "소은아 우리 요즘 서먹한 것 같아."라고 했더니 소은이가 "뭐 어쩌라고."하는 거예요.(말하면서 운다.)

상3: 잘 지내고 싶어서 소은이에게 말을 걸었는데 무안했겠다. 소은이
가 한 말을 들었을 때 어떤 생각이 들어서 지금 눈물이 났어?

내3: 내가 친구들이랑 잘 못 지내서 전학 온 줄 알면서 일주일 전부터
나만 빼고 뒤에서 소은이가 다른 3명을 데리고 가서 소곤거리고
내 앞에서는 다른 3명과 더 친한 척하면서 웃고 그랬거든요. 소곤
거리는 게 제 욕하는 것 같아요. (울면서 이야기한다.) 어떻게 제
가 친구 때문에 힘든 상황은 다 알면서, 어떻게 그럴 수가 있어요.

상4: 그래서 어떻게 되었는지 상황 이야기를 더 해 보겠니?

내4: 밥 먹기 싫어서 아프다고 하고 교실에 있다가 담임선생님에게 소
은이가 나를 왕따시켜서 힘들다고 말씀드리고 담임선생님 체육시
간에 빠지고 양호실에 있었거든요. 종례 끝나고 소은이가 잠깐 보
자고 하더니 "너 담임한테 뭐라고 내 이야기했어?"라고 해서 안 했
다고 했거든요. 왜 그러냐고 했더니 담임 선생님이 제가 양호실
에 있을 때 체육시간에 소은이에게 "영희랑 잘 지내고 있지? 잘 지
내."라고 했다고 하더라구요. 소은이가 1학년 때 자신이 가해자로
학폭이 열릴 뻔했을 때 1학년 담임선생님에게 이렇게 똑같은 말을
들었다고 그러니까 제가 담임선생님에게 자신이 왕따시켰다고 말
했다고 생각하는 거예요. 학교 그만 다니고 싶어요.

상5: 전학 가면 다 해결이 될 것 같니?

내5: 아니요.

상6: 이 상황이 없어지길 바라는 거니?

내6: 네.

상7: 전학 가면 이 상황이 없어질 것 같아? 그래서 마음이 편해질 것

같아?

내7: 아니요.

상8: 진정으로 원하는 것이 전학이니? 아니면 친구들과 잘 지내면서 학교에 적응 잘하는 거니?

내8: 잘 지내면서 적응하는 거지만 그래도 지금은 학교 안 다닐래요.

상9: 이 상황이 견뎌 내기 힘드니?

내9: 네.

상10: 학교 적응하는 거 포기하고 싶어? 다시 도망가고 싶니?

내10: …… (아무 말 하지 않고 울기만 한다.)

상11: 이 상황이 영희가 잘못 한 거 있다고 생각하니?

내11: 아니요.

상12: 왕따를 당하면 전학을 가야 한다고 생각하니?

내12: 아니요.

상13: 그럼 초등학교 때랑 중학교 1학년 때도 왕따당했다고 생각하고, 지금도 너 자신이 왕따를 당한다고 생각하면서 전학 가겠다고 말하고 있구나.

내13: 아이들은 나를 싫어해요.

상14: 왜 그렇게 생각하니?

내14: 나는 못생겨서 아이들이 싫어해요.

상15: 너에게 못생겼다는 말을 하는 걸 들었니?

내15: 아니요.

상16: 그런데 왜 그렇게 생각하니?

내16: 나는 눈도 작고 얼굴도 각지고 여드름도 많고 나는 못생겼어요.

상17: 너 자신을 못생겼다는 근거가 뭐야? 아무도 너에게 말하지 않았는데 너 자신이 그렇다고 정해 놓고 너 자신을 괴롭히고 있었구나.

내17: 초등학교 때 왕따당할 때 친한 친구가 이쁘다고 생각했어요. 친구들이 예쁘면 나를 좋아할 거라고 생각했어요.

상18: 나는 영희 니가 못생겼다고 생각도 하지 않을 뿐더러 설령 너 말고 못생긴 아이는 다른 아이들이 싫어한다고 어디에 써 있어?

내18: 아이들은 예쁜 아이들을 더 좋아해요.

상19: 그럼 영희 넌 어떤 아이가 예쁘다고 생각하니?

내19: 눈이 동그랗고 밝은 얼굴이요.

상20: 주위에 그런 아이가 있어?

내20: 네 우리 반에 있어요. 그 아이는 친구가 있어요.

상21: 너희 반에 예쁘다고 생각하는 아이들 다 이름 말해 봐. 그 친구들 인기 많아? 못생겼다고 생각하는 아이 이름 다 말해 봐. 그 친구들은 친구가 없나 보게.

내21: (친구들 이름을 나열한다.)

…(중략)…

(여자 아이들만 15명을 다 말해 보게 한 후에 예쁜 아이들만 친구가 있는 것이 아니라는 것을 알게 되었고 예쁘지는 않지만 친구들이 있다는 것을 깨닫게 되었다.)

상22: 크면 눈도 크게 할 수 있는 방법도 많아. 다만 지금 할 수 있는 거를 하자. 밝은 얼굴을 만들기 위해 지금 할 수 있는 방법을 찾아 보자. 할 수 있는 게 뭐가 있을까?

내22: 여드름을 없애고 싶어요.

상21: 여드름을 손을 대지 말고 엄마랑 피부과에 가서 상담 받아보고
      머리카락이 눈을 가려서 눈이 안보여 미용실도 가야겠다. 그럼
      얼굴이 훨씬 밝아질 것 같아. 지금 할 수 있겠어?

내23: 네.

영희 숙제: "나는 괜찮은 사람이다." 일주일 동안 3번 밤에 잠자기
    전에 3번 자신에게 말하고 잠들기
부모님 숙제: 하루에 한 번씩 영희를 안아 주면서 사랑한다는 말하기
    (아빠는 영희 학교 등굣길에 하고, 엄마는 잠자기 전에 하기로 함.)

4. 사례 논평

본 사례는 WEE 센터 학생위기상담지원서비스(We Education
Emotion)의 상담원에 이루어진 중학교 2학년 여학생의 상담사례이
다. 아이들에게 따돌림을 당하고 그럴 때마다 그것을 직면해서 이
겨 내지 못하고 전학이라는 상황을 조절해서 문제를 해결해 온 학
생이다. 상담자는 내담자에게 "진정으로 원하는 것이 전학인가, 아
니면 친구들과 잘 지내면서 학교생활에 적응을 잘 하는 것인가."라
는 직접적인 질문을 통해서 내담자에게 잘 적응하는 것이라는 답
을 얻어 내고 있다. 그리고 상담자는 내담자의 "얼굴이 못생겼기
때문에 아이들이 자신을 싫어한다."라는 추론적 수준의 비합리적
생각을 찾아내고 예쁘게 생긴 아이들만 친구가 있는 것이 아니라
는 것을 주변 학생들 중 얼굴이 예쁘지 않아도 친구가 있는 아이들

이 많다는 것을, 내담자 스스로 깨닫게 한다. 상담은 여기에서 끝났는데 계속해서 내담자의 행동 변화를 지속할 수 있도록 내담자를 더 만나면서 후속 상담이 이루어졌으면 더 좋았을 것이다. 상담을 받는 동안에 내담자는 상담자의 논리적 사고에 수긍하여 상담자의 논박을 수용하지만 일상의 삶 속에서 또 어려움을 겪게 될 때 새로운 행동 양식이 적용되고 일상화되기 위해서는 최소한의 연습이 필요하기 때문이다.

06
친구들이 따돌려서
학교에 가기 싫어요

1. 기본정보

1) 내담자 인적 사항
고등학교 1학년 남학생

2) 호소문제
"아이들이 따돌려서 학교에 가기 싫어요."

3) 상담 경위
인문계 고등학교 1학년인 주민(가명)이는 부모님의 갈등상황으로 늘 불안하다. 아버지는 가끔씩 집에 오시고 어머니는 주민이의 형이 자폐이기 때문에 마음의 여유가 없어서 형에게만 신경을 쓰느라 주민이는 어릴 때부터 돌봄을 제대로 받지 못했다. 형은 책을 좋아해서 책만 주로 보는 성향이며, 결국 가정에서 적절한 소통을 하고 있지 않다.

중학교 3학년 때 왕따 경험과 등교거부가 있었으며, 또래관계가 원만하지 못했고, 사회성에 대한 발달이 매우 지연되어 있다.

고등학교에 입학하고 학교에 잘 지내다가 9월부터 등교가 힘든 날 이나 갈등상황이 발생이 되면 아침마다 학교 가고 싶지 않다고 어머니에게 지속적으로 등교 거부를 표현하고 있다.

2. 상담 과정(축어록)

(상: 상담자, 내: 내담자)

상1: 한 주 동안 어떻게 지냈어?

내1: 잘 못 지냈어요.

상2: 에구 그랬구나. 지냈던 이야기를 더해 보겠니? 오늘 늦게 온 거랑 관련 있는 거니?

내2: 네. 우리 반 윤서(가명)랑 이야기 하고 왔어요. 착해요. 나를 어떻게 생각했는지 알려 주고, 담임선생님이 저 없을 때 반애들에게 정상이 아니다. 많이 이해해 주고 도와주라고 했다고 해서, "난 정상이야, 형이 1급 장애라서 어릴 때부터 나도 영향을 받아서 그렇다."라고 말했더니, 그래도 이해가 안 간다고 말하더라고요.

상3: 어떤 점이 이해가 안 간다는 건지 물어봤어?

내3: 조용히 싸가지 없는 애들은 봤지만 나처럼 순수하고 친구 못 다루는 아이는 처음 봤다고 하더라고요. 우리 반 애들이 나에 대해서 궁금해하는데 자기가 궁금해서 먼저 물어본 거라고 했어요. 반 아이들이 나를 좋게 생각한다고 했어요.

상4: 그런 말을 들어 보니 마음이 어땠어?

내4: 기분 좋았어요. 나에 대해서 이야기해 주니까 좋았어요. 제2외국어 함께 하기로 했어요.

상5: 이런 이야기를 듣고 좋은 친구가 생겨서 기분이 좋았겠다. 축하해. 그 친구랑 이야기해 보니 어떤 점이 좋았니?

내5: 나에 대해서 관심도 있고 나에 대해서 이야기도 해 주고 내 이야기를 들어 주고 착하니까 좋아요. 앞으로 잘 지내기로 했어요.

상6: 주민이가 바라던 자신의 이야기를 할 수 있는 친구가 생겼구나. 선생님도 기쁘다. 그런데 잘 못 지냈다는 이야기는 뭐야?

내6: 아. 네. 오늘 지구과학 시간에 잠을 잤거든요. 몸이 아팠어요. 선생님이 일어나라고 했지만 말하고 싶지도 않았어요. 근데 선생님이 "너는 학교에 왜 나오냐?"고 해요. 막말을 해서 이 선생님이 정말 싫어요. 나만 보면 그래요. 어떻게 선생님이 그럴 수가 있어요. 내 사정도 모르면서 정말 몸이 아팠거든요. 대답도 하기 싫었어요.(목소리가 커지고 인상을 쓰면서 지구과학 시간에 느꼈던 감정에 와 있는 것처럼 화난 표정을 짓는다. 지나간 감정에 힘들어 한다.)

상7: 어떤 사정을 지구과학 선생님이 모르는 거야?

내7: 학교 수업시간에 무슨 말하는지 모르겠고 학교 다니기 싫은데 참고 다니는데 뭐라고 하고 수학 시간에는 자면 그냥 아무 말도 하지 않거든요. 이 선생님은 막말하고 정말 더 가기 싫어요.

상8: 다른 아이들에게는 어떻게 대하시는데?

내8: 다른 애들한테도 친절하지 않아요.

상9: 그럼 너한테만 그렇게 대하시는 게 아니구나.

내9: 네. 그런 것 같아요. 그런데 저한테 제일 심해요. 매일 그래요.

상10: 이전에 지구과학 선생님 시간에 언제 이런 기분을 느낀 적 있어?

내10: 전에 지구과학 시간에 수행평가하는데, 준비물을 엄마한테 사 달라고 했더니 안 사 줘서 빌려서 했거든요. 나는 최선을 다했거든요. 그랬는데 "준비물 안 가져와서 대충했냐?"라고 해서 기분 나빠 있는데 옆에 있는 애가 저를 깨우는 거예요. 그래서 그 애한테 "내가 학교 그만두면 될 거 아니야 새끼야"라고 말하고, 깨워도 안 일어났어요. 무시하는 것으로 소심한 복수를 선택했어요.

상11: 그래서 그 다음에 어떻게 했는지 더 이야기해볼래?

내11: 화가 나서 가방가지고 나왔는데 애들이 저를 찾는 거예요.(웃으면서 말을 함.)

상12: 그래서 어떻게 했어?

내12: 애들이 막 쫓아 오길래 화장실에 숨어 있었거든요.(웃는다.)

상13: 아이들이 널 찾으러 와서 어떤 마음이 들었어?

내13: 저를 찾으러 올 줄 몰랐는데 찾으러 여러 명이 오니까 저도 모르게 숨은 거예요. 찾지 못하니까 더 웃겼어요.

상14: 아이들이 찾으러 오니까 좋았던 거야? 표정이 아까와 다르게 즐거워 보여.

내14: 나한테 관심이 있으니까요. 좋았어요.

상15: 화장실에 언제까지 있었어? 집에 갈 수도 있었는데 화장실에 있었던 이유는 뭐니?

내15: 중간에 집에 가면 안 되니까요. 종 치고 아이들이 끝나는 소리가 들리니까 그때 나왔는데 윤서랑 만났는데 이야기 좀 하자고 해서요.

상16: 막상 화가 나서 나오긴 했지만 집에 가면 안 된다고 생각했구나. 안 된다고 생각한 이유는 뭐야? 궁금해.

내16: 걸리면 벌점도 있고 혼나니까요.

상17: 학교에 다니면서 벌점도 덜 받고 혼나지도 않게 잘 다니고 싶은 마음은 있구나?

내17: 네.

상18: 그래서 윤서랑 이야기하면서 어떤 마음이 들었어?

내18: 윤서가 그러지 말라고 자기도 다 마찬가지라고, 윤서는 역사 선생님이 싫지만 그렇다고 대들고 수업 시간 도중에 나오지 않는다고 했어요. 청소시간에 그냥 도망가지 말라고 했어요. 마음이 편했어요.

상19: 윤서가 정말 너를 위해서 대화를 한 것 같구나. 좋은 친구 같다. 좋은 친구가 되기 바래. 좋은 친구가 되려면 너도 노력을 해야겠다.

내19: 네. 잘 지내려구요.

상20: 선생님이 오늘 너에게 어떤 일이 있었고 어떤 마음이 들었는지 이해했어. 오늘 있었던 일 중에서 궁금한 점을 질문할게. 그럼 지구과학 선생님한테 바라는 게 뭐야?

내20: 상처 주는 말 하지 말았으면 좋겠어요. 깨우면서 했던 뒷말이 싫어요. 막말하는데 학교 왜 오냐고 내 상태도 모르면서 막말하니까.

상21: 지구과학 선생님이 주민이에 대해서 알고 이해해 주기 바라고 자더라도 친절하게 말해 주기 바라는 거야?

내21: 네, 수학 선생님처럼 자면 그냥 두면 될 것이지.

상22: 수학 선생님의 행동이 주민이 마음에 더 든다는 거지?

내22: 네.

상23: 선생님은 막말은 하면 절대 안 된다고 생각하는구나?

내23: 네.

상24: 선생님은 학생들을 이해해야만 된다고 생각하니?

내24: 당연하지요.

상25: 지구과학 선생님은 "학교를 왜 다니니?"라고 너한테 왜 그런 말을 한 것 같아?

내25: 여러 번 깨우는데 아무 말도 하지 않고 답답하니까 그런 말을 한 것 같아요.

상26: 너도 이렇게 답답했던 적 있었니?

내26: 반에서 애들한테 뭐 물어보면 대답을 안 해요. 그래서 학교 다니기 싫어요. 답답해요.

상27: 대답을 안 하니까 학교 다니기 싫을 정도로 답답함을 느꼈구나?

내27: 네.

상28: 애들이 그럴 때 너는 반 아이들에게 말을 시켰는데 대답을 안 하는 아이들에게 어떻게 했어?

내28: 화를 냈던 것 같아요.

상29: 그럼 너처럼 주민이가 대답을 안 했을 때 지구과학 선생님 마음은 어땠을까?

내29: 화가 났을 것 같아요.

상30: 그럼 지구과학 선생님이 지금은 이해가 가니?

내30: 그럴 수도 있었겠네요. 그래도 학생한테 막말을 하면 안 되지요.

상31: 선생님들은 언제나 친절하게 말하고 화를 내거나 막말을 하면 안 된다고 생각하니?

내31: 네.

상32: 학생은 막말을 선생님에게 해도 된다고 생각하니?

내32: 아니요. 뭐…….(말이 없다.)

상33: 주민이가 오늘 한 말과 행동이 선생님께는 해도 된다고 생각하는 건지 궁금한데?

내33: 아니요. 저도 뭐 잘한 건 없네요.

상34: 선생님들이 학생들에게 친절하게 대하면 좋겠지. 그렇지만 선생님들도 인간이고 인간이 화를 낼 수도 있지. 주민이가 화를 내는 것처럼 어른들도 화를 낼 수 있지. 선생님들은 절대 화내지 말고 막말을 하지 말라고 어디에 써 있기라도 한 거야?

내34: 아니요. 우리 엄마도 화를 내요.

상35: 지구과학 선생님이 너에게 하는 막말을 듣고 싶지 않지?

내35: 네.

상36: 그러면 그러기 위해서 너는 어떻게 하면 될 것 같아? 주민이가 할 수 있는 일은 무엇이 있을까?

내36: 대답을 하면 될 것 같아요. 그러면 답답하지 않으니까요.

상37: 그러면 될 것 같다. 한 가지 이야기 나누고 싶은 게 있는데, 선생님이라면 너의 심정을 이해해야만 한다고 생각하는 게 당연하다고 했는데 지금도 그러니?

내37: 네. 선생님이고 어른이니까요.

상38: 선생님이라도 어른이라도 너랑 이야기도 해 보지 않았는데 너의 심정을 모를 수도 있지 어떻게 다 알 수가 있겠니? 선생님도 너의 이야기를 듣고 궁금한 것 묻고 하니까 알 수가 있는 거지. 주민이가 말을 해 주지 않았다면 선생님도 몰랐을 거야. 선생님 말에 동의하니?

내38: 네. 제가 말을 하지 않으면 알 수가 없겠네요.

상39: 지구과학 선생님이 이해해 주기 바라는 점은 어떤 거니?

내39: 아픈 거랑 참고 학교 다니는 거요.

상40: 주민이가 아픈 상태인 것 알아 주고 학교 다니기 싫은데 참고 다니는 것을 알아 주기 바라는 마음이니?

내40: 네.

상41: 그럼 어떻게 하면 지구과학 선생님이 너에 심정을 알 수 있게 할 수 있는 방법은 뭘까?

내41: 말해야지요.

상42: 어떻게 말하면 주민이 심정을 이해할 수 있을까?

내42: 아파서 수업을 듣기가 힘들어요.

상43: 다음에 이런 일이 생긴다면 너는 어떻게 할 거니?

내43: 아프다고 말할 거예요. 중간에 나오지 말고요.

상44: 그래 그때는 화내는 것, 원망하는 것, 중간에 나오는 것만 알고 다른 방법을 몰랐으니까 오늘 이야기한 것을 꼭 기억을 하자. 마지막으로 역할극 해 보자.

내44: 네.

(다음 시간에 지구과학 시간에 선생님께 어떻게 마음을 전달할 것인지에 대해서 이야기를 나누고, 어떻게 말해야 하는지 어렵다고 해서 메모지에 "죄송합니다. 그때는 아파서 그랬는데 앞으로는 대답을 하겠습니다." 라고 적고 연습해 보기로 하였다.)

3. 사례 논평

　본 사례는 고등학교 1학년인 남학생으로 수업시간에 자는 내담자에게 "수업 시간에 잠자려면 왜 학교에 오냐?"라는 교사의 말에 상처를 받은 내담자의 마음을 단회상담을 통해 어루만진 예이다. 상담자는 내담자로 하여금 선생님의 입장에서 어떤 마음이 들었을지를 생각해 보라고 함으로써 타인의 입장에서 자신의 문제를 바로 볼 수 있도록 도왔다. 내담자의 핵심 문제인 따돌림 때문에 학교에 가기 싫어하는 내담자의 생활 속에서 급우들과의 문제는 바로 교사와 학생의 관계가 어려울 때 더 증폭되는 경향이 있다. 학생과 교사의 관계가 어려울 때 학생들이 지니고 있는 '교사는 학생의 마음을 반드시 이해해야만 한다.'라는 비합리적인 생각은 학생들이 교사에 대한 미움의 불씨를 피우게 할 때가 많다. 본 사례에서 보여 주고 있듯이. 상담자는 이런 생각을 바로 짚어서 학생들이 교사의 말에 대답하지 않고 잠자고 있을 때 교사도 한 인간이기 때문에 학생의 마음이 항상 이해가 되지 않을 뿐더러 화도 낼 수 있고 학생들이 듣기 싫어하는 말을 할 수도 있다는 것을 논박하고 있다. 이때 내담자를 예로 들어서 내담자로 부터 다른 친구들에게 내담자가 말을 시켰는데 대답을 하지 않는 친구들 때문에 화가 났다는 말을 끌어내서 선생님도 그런 마음이 들었으리라는 것을 알게 하고 있다. 상담시간에 만나는 내담자들의 경우에 삶에 대한 조망채택력(perspective)이 제한적이어서 상대방의 입장에서 나를 보는 능력이 떨어질 때가 많다. 이런 점을 잘 포착하여 시각의 크기를 넓히는 작업이 필요하다.

07
교사들의 관심이 부담스러워서
학교에 가기 싫어요

1. 기본정보

1) 내담자 인적 사항
고등학교 1학년 여학생, 특성화고 재학 중

2) 호소문제
"교사들의 관심이 부담스러워서 학교에 가기 싫어요."

3) 상담경위
중학교 때는 20% 내외의 성적으로 그다지 우수한 편은 아니었는데 특성화 고등학교인 본교에 들어오면서 반에서 1등이 되었다. 입학도 장학생으로 한 터라 담임을 비롯한 많은 교사들의 관심을 받게 되었는데 그것이 부담스러워서 학교를 그만두고 싶다고 한다.

2. 상담자료

1) 내담자의 인상 및 행동특성

내담자는 160cm 정도의 키에 날씬한 체형을 가지고 있다. 얼굴이 갸름하며 흰 편이고 단정해 보이는 인상이다. 교복을 단정하게 입고 있으며 다소곳한 모습으로 앉아 차분하게 이야기를 한다. 예의가 바르며 자신의 의사표현을 잘 하는 편이다.

3. 상담과정(축어록)

(상: 상담자, 내: 내담자)

상1: 상담실에 오면서 어떤게 좀 해결되었으면 좋겠다 하고 왔는지 말해 줄래?

내1: 학교 다니기가 힘들어서 그냥 이야기를 좀 들어 주었으면 좋겠다 싶어서 왔어요. 중학교 때는 성적이 그리 좋은 편은 아니었어요. (얼마나?) 20% 정도였어요. 그때는 그렇게 잘하는 게 아니었는데 우리 학교에 오니까 장학생이 되었어요. 중간고사도 잘 치고 나니까 선생님들이 자꾸 관심을 두는 거예요.

상2: 장학생으로 들어왔구나. 중간고사 성적은 어느 정도? (1등이에요.) 1등을 했었네. 그러고 나니 선생님들이 관심을 둔다고? 어떻게 하시는데?

내2: 담임선생님이 젤 심하고요. (예를 들면?) 예를 들면, 저번 주에 제가 부담이 돼서 그런지 배가 아픈 거예요. 마치고 병원가면 병원 문도 닫히고 학교 근처는 지리도 모르고……. 병원에 너무 가고 싶어서 샘한테 조퇴하고 싶다 그러니까 샘이 "나는 니가 참을 줄 알았다." 그러는 거예요. 나는 참을 줄 알았는데 왔다고 "니 마음대로 해라." 그러는 거예요.

상3: 음, 아파서 갔는데……. 섭섭했겠네.

내3: 네. 나는 아파서 갔는데 담임샘은 니가 그럴 줄 몰랐다 이런 식으로 이야기하고……. 조퇴는 했는데 병원 갔다 와서도 이상하게 공부를 해야 할 것 같고 그런 거예요. 다음 날에도 샘이 "니 어제 뭐 했노?" 하는데 공부했어요 해야 할 것 같아서 그렇게 대답했어요.

상4: 기대하는 담임선생님 때문에 마음이 계속 무겁네……. 계속 담임 선생님이 너한테 공부에 대해서만 관심을 가진다고 느끼고 있나 보네.

내4: 맨날 그래요. 공부 잘하고 있나. 나는 성격이 잘하는 것만 잘하자인데 이번에도 잘하는 거는 잘했지만 수학은 내가 할 수 있는 것만 하거든요. 그런데 담임샘이 맨날 그러는 거예요. 2등한 애는 수학도 잘하고 사회도 잘하는데 너는 왜 그렇냐. 더 열심히 해라. 다른 과하고 비교해 가지고 다른 과 1등은 뭐 이런 것도 잘하더라. 저는 열심히 하기는 하는데…….

쉬는 시간에도 담임선생님이 바로 앞에 있으니까 선생님이 보이면 앉아서 공부를 해야할 것 같고 선생님이 안 보이면 하고 싶은 대로 할 수 있고. (하고 싶은 게 뭔데?) 친구들하고 이야기도 하고 자판기에도 가고.

상5: 선생님이 보고 있으면 이야기도 못하고 공부하는 척해야 하네. 이유가 뭐지?

내5: 샘이 기대를 하고 있으니까 다른 애들하고 놀고 그러면 실망하실
까 봐.

상6: 선생님은 네가 평범한 애들처럼 행동하면 실망할 거라고 생각하
네? (네.) 그러면 어떻게 좀 되었으면 좋겠는데?

내6: 선생님들이 관심을 좀 안 가져줬으면 좋겠어요. 내가 예고 안 가
고 우리 학교에 온 이유도 좀 자유롭게 놀면서 공부할려고 온 건
데 선생님들이 자꾸 관심 가지고 지나갈 때도 공부 잘되냐 그러니
까 너무 힘들어요. (눈물을 흘림)

상7: 그동안 그렇게 힘든데 어떻게 견뎠니?

내7: 그래서 담임샘한테 얘기를 했거든요. 선생님 부담스러우니까 저
한테 관심 그만 가져 달라고요. 그러면 그때는 좀 아는 척 안 했다
가 다음 날 오면 또 쳐다보고 그래요. (눈물) 그래서 엄마한테 말
하니까 학교를 그만두고 싶으면 그만둬라 하는 거예요.

상8: 학교를 그만두고 싶을 정도로 힘든 거야?

내8: 학교선생님들이 나한테 기대가 너무 크니까 너무 힘들고 못 다니
겠어요.

상9: 기대가 큰 게 무엇 때문에 힘들지?

내9: 기대가 크니까 실망시키면 안 되고 실망 안 시킬려고 하니까 내가
하고 싶은 것도 하나도 못 하고 계속 공부만 해야 할 것 같아요.

상10: 누가 기대를 하면 꼭 그 기대에 실망을 안 시켜야 된다고 생각하
는가 보네.

내10: 당연하지요. 기대를 하니까.

상11: 그럼 선생님들은 너한테 무슨 기대를 하고 있는 것 같은데?

내11: 음…… 잘 모르지만……. 장학생으로 들어왔으니까 계속 1등 하는 거?

상12: 선생님들이 어떤 기대를 하고 있는지 확실하게 아는 것은 아니네?

내12: 확실히는 모르죠.

상13: 정말 선생님들은 모두 다 네가 꼭 1등하기를 기대하고 있을까? 다른 애들은 네 뒤에서 2등이나 3등하기를 기대하고?

내13: (침묵) 그런 건 아니겠지요.

상14: 그러면 몇 명은 네가 1등 하기를 꼭 기대한다고 보자. 그런데 안 그런 선생님도 있지 않을까? 다른 기대를 하는 선생님은 없을까? (음……. 있을지도 모르지요.) 또 어떤 기대를 하는 샘이 있을까?

내14: 내가 열심히 공부하는 거?

상15: 또 어떤 기대를 하는 선생님이 있을까? (음…….) 선생님에 따라서는 네가 재밌게 학교 다니기를 바라는 샘도 있을 거고 친구들이랑 잘 지내는 모습을 기대하는 샘도 있을 것 같은데……. 1등이 공부만 해서 왕따당할까 봐 걱정하는 샘도 있을 거다. 요즘에는 공부 잘하는 애들이 책만 보고 그러면 애들이 싫어하니까. 그렇지 않을까?

내15: 네. 그럴 수도 있어요.

상16: 그런 샘들은 네가 친구들이랑 놀고 재밌게 지내면 진짜 안심할텐데…….

내16: 제가 놀기도 해요.

상17: 놀기도 하겠지. 그런데 노는 게 눈치 보인다며? 그러면 큰일 났다. 놀 때는 공부하기를 바라는 샘들 눈치 봐야 하고, 공부할 때는 놀기를 바라는 샘들이 걱정할까 봐 눈치 봐야 하고.

내17: 그러니까 샘들이 나한테 관심을 안 가졌으면 좋겠다고요. 관심을 가지니까 아무것도 못하겠어요.

상18: 그래. 그렇게 된다면 참 좋긴 하겠다. 선생님들이 네가 지나가도 아무 말도 안 하고, 담임선생님도 너한테 아무렇게도 안 대하고, 그렇게 되면 좋겠다는 거지? (네…….) 그런데 선생님들은 지금 상담실에 온 게 아니라서 그렇게 되는 건 우리 둘이서 해결하기 어려운 것 같다. 지금 상담실에 온 건 너니까 혹시 네가 좀 다르게 해 보는 수는 없을까?

내18: 제가요?

상19: 그냥 네가 꽉 20등 정도를 하는 거야. 그러면 처음에는 선생님들이 막 걱정돼서 말 붙이고 하겠지만 곧 1등에게 관심이 가고 너한테는 관심이 끝나지 않을까?

내19: (웃음) 그렇기는 하겠네요.

상20: 그 방법을 써 보는 건 싫은가 보네.

내20: 네. 미술 한다고 공부 안 하는 그런 건 싫어요. 미술을 해도 공부를 잘 할 수 있다는 걸 보여 주고 싶었거든요. 중학교 애들한테

상21: 그럼 어떻게 해 볼 수 있을까? 이건 어떨까? 오늘 네 고민을 듣고 보니까 옛날 이야기가 하나 생각나는데……. 아들이 둘인데 한 명은 우산장수고 한 명은 짚신장수고 했던 이야기 알아?

내21: 네. 비 오면 짚신 아들 때문에 울고 햇볕 나면 우산장수 아들 때문에 울고.

상22: 그 엄마가 어떻게 하면 좋았을까?

내22: 비 오면 우산장수 아들 때문에 웃고 햇볕 나면 짚신장수 아들 때문에 웃으면 좋았을 것 같아요.

상23: 그렇지. 나는 이 엄마가 꼭 너 같다는 생각이 든다. 어차피 날씨 는 오락가락하니까 필요할 때마다 다 맞춰 달라고 할 수는 없잖 아. 생각을 조금만 다르게 하면 비가 오면 우산 많이 팔겠네 하고 웃고, 햇볕 나면 짚신 많이 팔겠네 하고 웃을 수 있을 텐데 계속 반대 생각만 하니까 계속 힘들잖아. 이 엄마가 날씨 때문에 힘든 거야? 자기 생각 때문에 힘든 거야?

내23: 생각 때문에요.

상24: 그럼 너는 어때?

내24: 음……. 저도 생각 때문에 힘든 것 같아요. 선생님들이 막 공부하 라는 기대만 하는 줄 알았는데 다른 기대를 하는 선생님도 있을 것 같고요. 그러면 놀 때는 노는 걸 바라는 선생님이 기분 좋겠다 생각하고 공부할 때는 공부하기를 바라는 선생님이 좋겠다 생각 하면 되겠네요.

상25: 지금 기분은 좀 어떠니?

내25: 좀 가벼워지고 좋아요.

상26: 그럼 오늘로 상담을 마치는 게 좋을까? 한두 번 더 와 볼래?

내26: 한 번만 더 와 보고 싶어요.

상27: 좋아. 그럼 다음 주에 다시 보자. 다음 주까지 혹시 네가 생각 때 문에 힘든 게 더 있는지 찾아보고 적어 와 볼래?

내17: 네.

5. 사례 논평

본 사례는 특성화 고등학교에 다니는 1학년 여학생의 사례로, 담임교사의 관심이 부담스러워서 학교에 계속해서 다녀야 할지에 대해서 고민하는 사례이다. 상담교사는 내담자가 학교에 가기 싫어하는 원인을 "담임교사가 내담자가 모든 과목에서 잘하기를 기대하고, 1등하는 것을 기대하기 때문에 그 기대에 부응하는 것이 힘들다."라는 비합리적인 신념으로 내담자가 학교에 가기 싫어한다는 것을 개념화하고 있다. 논박의 과정에서 모든 교사가 내담자가 1등 하는 것을 기대하고 있지 않고 선생님에 따라서 어떤 선생님은 내담자가 재미있게 학교에 다니는 것을 바라고, 또 어떤 선생님은 내담자가 공부를 잘해서 친구들에게 왕따당할 것을 걱정하는 선생님도 계신다는 것을 내담자가 깨닫도록 하고 있다. 그러니까 담임교사의 그런 기대를 마치 모든 교사가 기대하는 것으로 생각하지 않도록 논박하고 있다. 그러면서 우산장수와 짚신장수를 둔 어머니의 예화를 활용하고 있다. 비가 오면 짚신장수 아들 때문에 울고 햇볕 나면 우산장수 아들 때문에 울었던 어머니보다, 비가 오면 우산장수 아들 때문에 웃고 햇볕 나면 짚신장수 아들 때문에 웃었던 어머니의 이야기를 빗대어 생각을 조금만 달리하면 마음이 편해질 수 있다는 지적을 하고 있다. 이에 내담자도 맞장구를 치면서 공부할 때는 내담자가 공부하기를 기대하는 선생님이 좋을 것이고, 내담자가 놀 때는 노는 것을 바라는 선생님이 좋겠다는 생각을 하면 되겠다고 말하면서 기분이 가벼워진다고 말하고 있다.

이 예화는 REBT 상담에서 말하는 합리적 생각의 원리에 어긋나는 생각이다. 합리적 생각은 굳건한 현실에 기초해야 하므로, 앞에 나온 예화 속의 어머니는 비가 오면 우산장수 아들을 생각하면 웃음이 나고 짚신장수 아들을 생각하면 울음이 나야 한다. 또한 햇볕이 나면 짚신 장수 아들에 대해서는 웃음이 나지만 우산 장수 아들을 보면 울음이 나는 것이 정상일 것이다. 우리 사회는 그간 너무 긍정적인 생각을 강조한 나머지 사물과 상황을 정확하게 보게 하기보다는 좋은 것이 좋다, 긍정적인 것이 무조건 좋다는 식으로 가르쳐 온 점을 주목해야 한다. 본 상담에서 상담자가 합리성에 근거한 논박을 '인간이 처한 상황 속에서 완전한 기쁨이나 완전한 슬픔은 없다.' 공부를 잘해야만 하는 것을 요구하는 선생님의 기대에 대한 생각으로 힘들 때 노는 것을 잘하기를 기대하는 선생님을 떠올려서 기분이 좋아지게 하기보다는, '나는 공부를 잘해서 교사의 기대에 부응해야만 가치 있는 인간이 되는 것은 아니다.'라는 합리적 대안신념을 제시하여 내담자에게 이러한 신념을 내재화하도록 하였다면 REBT의 원리를 잘 활용한 상담이 되었을 것이다.

08
자꾸 죽고 싶은
생각이 들어요

1. 기본정보

1) 내담자 인적 사항
○○여자고등학교 1학년

2) 가족관계
• 부모님, 남동생과 거주하고 있다.

• 남동생은 ADHD로 정신병원 입원 중이다.

• 어머니는 베트남 사람이다.

3) 호소문제
"자꾸 죽고 싶은 생각이 들어요."

2. 상담자료

1) 내담자의 특성
- 내성적인 성격이다.
- 맏딸로서의 책임감이 크다.
- 다문화 가족이다.

2) 상담자가 본 내담자의 문제
- 자살사고가 있다.
- 대화상대(멘토?)가 없다.

3. 상담과정(축어록)
(상: 상담자, 내: 내담자)

상1: 안녕하세요? 저는 △△병원에서 일하는 상담간호사입니다. 오늘은 지난번 온라인으로 검사한 학생정서·행동특성검사에서 점수가 높게 나와 상담이 필요한 학생이 있다고 보건선생님이 연락을 하셔서 나오게 됐습니다. 혹시 검사에서 어떤 점수가 높게 나와서 상담을 하게 되었는지 알고 계신가요?

내1: 아니요? 잘 모르는데요…….

상2: 다른 검사는 괜찮은데 자살사고가 좀 높다고 나왔어요. 지금은 어때요?

내2: 예, 지금은 생각이 좀 줄었어요.

상3: 그러면 일주일에 몇 번 정도 자살을 하고 싶다는 생각이 드나요?

내3: 일주일이요? 일주일에 5일 정도? 심한 건 2, 3일 정도요….

상4: 구체적으로 계획을 세워 본 적이 있나요? 어떤 방법으로 죽어야겠다. 이런 생각이요.

내4: 아니요, 그런 것까지 생각하지는 않았어요. 그냥 기분도 좀 그렇고 아무것도 하기 싫고 그냥 죽었으면 좋겠다 이렇게 생각한 거예요.

상5: 언제부터 그런 생각을 하게 되었나요?

내5: 초등학교 때부터 계속 그랬던 것 같아요.

상6: 그때하고 비교하면 그런 생각이 더 심해지고 있나요? 아니면 그때보다는 덜해졌나요?

내6: 비슷한 것 같아요.

상7: 혹시, 그런 생각을 하게 된 특별한 사건이 있었나요? 기억나는 게 있으면 한번 말해 줄래요? 무슨 일이 있었는지?

내7: 특별한 건 없었던 것 같아요.

상8: 기억나는 거? 아니면 우울한 기분이 생겼다고 생각되는 것 있으면 말해 줄래요?

내8: 음… 우리 아버지는 원래 남동생을 엄청 미워했어요. 그래서 날마다 화를 내는 것만 본 것 같아요. 그런데 동생이 얼마 전에 △△에 있는 정신병원에 입원하고 나서부터는 엄마하고 저를 미워해요. 대상이 바뀐 것 같아요. 엄마는 베트남사람이구요, 집에 있는 적이 별로 없어요. 퀼트 강사라면서 매일매일 밖으로만 다녀요. 그런 것 때문에 아빠랑 많이 싸우세요. 아빠는 살림 좀 하라고 그러시고, 엄마는 신경도 안 쓰고 계속 돌아다니시고……

상9: 엄마랑 관계는 어떤가요? 이런 힘든 얘기를 한 적이 있나요?

내9: 엄마랑 단어로 말하면 어느 정도는 알아듣는데 그렇게 자세하게 얘기하면 잘 몰라요. 지난번에 한번은 엄마한테 너무 힘들어서 죽고 싶다고 말한 적이 있는데, 엄마가 그러더라구요. 나는 더 힘들고 죽고 싶은 건 나라고……. 그래서 그다음부터는 그런 얘기 엄마한테 안 했어요.

상10: 동생에 대해서 얘기해 줄 수 있어요?

내10: 동생은 어려서부터 ADHD 때문에 엄청 말썽을 많이 부렸어요. 초등학교도 겨우 다녔어요. 아침에 일어나서 동생 챙겨서 학교 가면 거의 매일 지각을 했어요. 우리 담임한테 혼나고, 동생 담임한테 또 불려 가서 좀 일찍 준비해서 오라고 매일 그랬어요. 동생이 학교에 안 가려고 하니까 억지로 준비해서 가다보면 맨날 늦어요. 그리고 동생이 크면서 발로 차고 때리기도 하고….

상11: 지금 병원에 입원해 있다고 했는데 지금은 어때요?

내11: 병원에 입원하니까 나는 무지 편해졌어요. 여기 고등학교 기숙사에 있다가 집에 가도 마음도 편하고 일요일마다 동생이 전화를 해서 음악 다운받아 달라고 하면 다운도 받아 주고 그래요. 일요일이면 동생 심부름하다가 시간이 다 가요. 병원에는 한 번도 안 가 봤어요. 엄마랑 아빠랑만 다녀왔어요. 그냥 지금은 마음도 편하고 괜찮아요.

상12: ○○이가 가족들 어려운 얘기하는 거 힘들었을 텐데 솔직하게 얘기해 줘서 고맙고, 힘든 환경 속에서도 이렇게 반듯하게 잘 자란 것 같아 참 대견하네요. 그런데 지금 죽고 싶은 생각 때문에 힘들어하는 걸 보니 참 안타깝네요. 선생님이 어떻게 도와주면 될까요?

내12: 글쎄요. 저는 힘든 게 주변에 친구들이 내 기분이 안 좋아 보인다면서 재밌는 얘기를 해 줘요. 그러면 저는 그게 하나도 웃기질 않아요. 그런데 친구가 얘기해 준 성의가 있어서 그냥 억지로 웃어요. 그러면 친구들이 왜 그렇게 쓴 웃음을 웃느냐고 그래요, 그리고 친구들이 뭐라고 뭐라고 자꾸 물어봐요. 처음에는 간단한 건 대답해 주는데 자꾸 복잡한 질문을 하면 대충 대답해 버리고 말아요. 성의 없이⋯⋯. 내가 이렇게 자꾸 그러니까 친구들이 상처 받을까 봐 걱정되요. 그리고 친구들이 나하고 친구하기 싫다고 할 것 같아서 걱정돼요. 친구를 잘 사귀지 못하는 것 같기도 하고, 친구랑 잘 사귀는 것도 모르겠고⋯⋯.

상13: 친구들한테 솔직하게 ○○이 얘기를 한 적이 있었나요? "나 지금 기분이 좀 그래. 재밌는 얘기해 줘서 고마운데 내가 좀 힘들어서 그냥 혼자 있고 싶어. 미안해." 아니면 "내가 생각할 게 좀 있어서 내가 마음 편해지면 니 얘기 다 들어 줄게." 그런 얘기.

내13: 아니요? 그런 얘기하면 친구들이 짜증 내요.

상14: 그래도 친구니까 ○○이 힘든 얘기하면 ○○이 마음을 오히려 더 알아 주지 않을까? 친구 사이에 솔직하게 자기 마음을 얘기해도 아무런 일이 일어나지 않을 텐데, ○○이는 그런 얘기했다가 친구들과 멀어질까 봐 걱정돼서 그런 얘기를 해 본 적이 없구나? 만약에 ○○이가 그런 얘기를 친구들에게 한다면 무슨 일이 벌어질까?

내14: 글쎄요, 짜증을 낼 것 같은데⋯⋯.

상15: 만약에 ○○이가 그 친구라면 짜증을 낼 것 같으니?

내15: 아니요? 잘 들어 줄 것 같아요, 힘드니까 나한테 얘기해 준 거잖아요.

상16: 그래, 아마 ○○이 친구도 같은 마음일 거야. 사람들은 보통 힘들어하는 사람들의 얘기를 들으면 도와주고 싶은 마음이 생기는 거거든. 친한 친구일수록 힘들 때 진솔하게 얘기하는 것이 더 좋은 것 같아. 서로 잘한 것만 얘기하고, 부족한 점이 없이 만난다면 진정한 친구관계를 더 만들기 어려울 거야. 그럼, ○○이는 이렇게 힘들 때 누구하고 상의하니?

내16: 없어요, 그냥 혼자만 그렇게 생각해요.

상17: 그러면, ○○이가 도움받기가 힘들어. 누구든 맘 편하게 ○○이 얘기를 할 수 있는 사람을 만들어 두는 게 좋을 것 같아.

내17: 그런데 선생님, 저는 왜 자꾸 죽고 싶은 생각이 들까요? 그냥 어느 때부터 그런 생각이 계속 들기 시작했는데 그 후로 그런 생각을 계속하게 돼요.

상18: 글쎄… 선생님도 ○○이랑 얘기하면서 많이 생각해 봤는데, 아무래도 선생님보다는 ○○이가 더 잘 알고 있지 않을까? ○○이가 생각하기에는 왜 그런 생각이 자꾸만 드는지 한번 얘기해 줄래?

내18: 저는 정말 모르겠어요. 그렇다고 우리 집이 경제적으로 아주 어려운 집도 아니고, 서로 속 깊은 얘기를 나누는 건 아니지만 부모님도 다 계시고……. 왜 그런 생각이 드는지 잘 모르겠어요.

상19: 아버지는 화를 많이 내시고, ○○이랑 대화가 없는 상태이고, 엄마는 밖으로만 다니시면서 ○○이가 겪는 어려움을 들으려고도 하지 않고, 동생은 지금 아파서 정신병원에 입원 중이고……. 이런 가정형편이 ○○이를 힘들게 하고 있는 것이 아닐까? 부모님이 밥만 먹여 주고, 돈만 준다고 해서 아무런 문제가 없는 건 아니잖아. 그것 말고도 우리가 고민하는 것들이 많이 있잖아. 예를 들면, ○○이가 고등학교에 입학해서 기숙사에서 세 명의 친구들과 생활하면서 힘들지는 않는지, 어려운 것은 무엇인지······. 그리고 고등학교 들어오면서 성적문제는 없는지······. 친구들은 잘 사귀었는지······. 앞으로 진로는 어떻게 정할지······. 그리고 그 외에도 많은 고민들을 나눌 사람이 있고 ○○이를 잘 지도해 주고 조언해 줄 사람이 있어야 하는 건데 아무도 ○○이한테 관심을 보여 주거나 물어봐 주거나 신경 써 주는 사람이 없어서 힘든 건 아니니? ○○이도 생활하면서 겪는 어려움을 얘기할 사람이 필요한데 그런 사람이 아무도 없어서 그런 건 아닐까?   .

내19: 예, 맞는 것 같아요. 저 주변에는 아무도 없어요. 부모님도 그렇고 친구들도 그렇고 마음 터놓고 사는 사람이 한 명도 없어요. 그러니까 혼자서만 계속 걱정하는 거예요. 맨날 똑같아요. 더 좋아지는 것도 없고, 점점 힘들어져요.

상20: 그러면, ○○이가 마음 터놓고 지내고 싶은 사람이 있니? 있다면 ○○이가 도움을 청해 봐. 누구든 거절하지 않고 도와줄 것 같은데······.

내20: 생각해 볼게요. 아직은 그런 생각해 본 적이 없어서요······. 친구들한테 말하면 이상한 애라고 소문날 것 같고, 선생님들한테는 좀 그래요. 다 편하지가 않아요.

상21: 그러면, 가족이나 믿을 만한 친척언니? 아니면 선생님이 센터 상담선생님을 소개시켜 줄 수도 있는데···.

내21: 예, 제가 도움이 필요하면 연락드릴게요. 제가 도움받을 수 있다고 생각하니 그래도 마음이 편해요.

상22: 오늘 ○○이가 선생님한테 힘든 얘기해 줘서 고맙고, 선생님의 조언을 잘 받아들여 줘서 고마워. 그럼, 필요하면 연락해.

내22: 예, 감사합니다.

4. 사례 논평

본 사례는 지역사회의 정신간호사에 의해 수행된 상담사례이다. 내담자의 어머니는 베트남인으로 집에서 자녀를 돌보기보다 밖으로 떠도는 것을 더욱 좋아하고 의사소통이 잘 안 되어 어머니와 깊은 이야기가 어렵다. 아버지는 ADHD 등의 행동 양식을 보이는 남동생을 미워하면 화를 주로 낸다. 그런 남동생을 생각하며 도와주는 사람은 내담자인데, 그러한 가정환경이 힘들어서인지 학생 정서·행동특성검사에서 높은 점수가 나와 보건 선생님의 연락으로 단회상담이 이루어졌다. 내담자는 마음을 터놓고 사는 사람이 한 명도 없고 자신의 속마음을 이야기하면 친구들이 이상한 애라고 소문낼 것 같아 마음을 터놓지도 못하고 있다고 고백한다. 상담자는 내담자의 속마음을 찾아내서 그의 비합리적 신념인 "마음을 터놓고 지낼 수 있는 사람이 아무도 없다." "내 속마음을 알면 사람들이 나를 이상하게 여길 것이다."라는 생각까지는 찾아냈다. 상담자는 여기에 그치지 말고 집요하게 정말 마음을 터놓고 지낼 사람이 없는 것인지 확인하는 과정을 통해 진짜 없는 것이 아닌데 없다고 막연하게 지각했던 것을 일깨울 수도 있고, 실제도 마음을 터놓고 지낼 사람이 없는 것이 사실일 때에 지금부터 노력해서 만들면 되고, 더욱 나아가 마음을 털어놓고 지내는 사람이 없어도 별문제 없다고 생각하면 별문제가 없음을 설파했어야 했다. 세상에는 마음을 터놓고 지낼 사람이 없는 많은 건강한 사람이 있다는 사실을 상기시키면서, 두 번째 비합리적 생각인 "내 속마음을 알면 사람들이 나를 이상하게 여긴다."라는 근거가 어디에 있는지 논박했어야 했다. 논박하는 과정에서 내담자를 이상하게 여긴다는 근거가 대부분 추론적 수준의 사실이 아닌 생각일 때가 많으므로 이것을 직면했어야 했다.

이러한 과정에서 자신이 잘못 생각하고 있음을 확실하게 일깨워주었더라면 내담자가 자기 처지에 대한 비관에서 벗어날 수 있도록 도와줄 수 있었을 것이다. 아울러 REBT 상담에서는 행동적인 연습도 중요하게 여기므로 타인에게 다가가서 속마음을 털어놓는 체험, 말을 먼저 걸어 보는 체험을 하게 했더라면 타인에게 자신의 속마음도 열게 되고 도움도 받을 기회도 얻었을 것이다. 그런데 상담자가 끝마무리를 본인이 스스로 하지 못하고 다른 상담자에게 연결해 주겠다고 말하면서 상담을 종결하는 것이 못내 아쉽다.

09
다른 사람이 내 생각을 알고 있어요

1. 기본정보

1) 내담자 인적 사항
고등학교 1학년 남학생

2) 호소문제
"다른 사람이 내 생각을 알고 있어요."
"실수할 것 같아 늘 불안해요."

3) 상담경위
고등학교 1학년 남학생으로 학생 정서 · 행동특성 검사에서 점수가 높아 학교와 상담교사가 호출하여 이루어진 사례이다.

2. 상담 과정(축어록)

(상: 상담자, 내: 내담자)

상1: 어서 와. 그동안 어떻게 지냈니?

내1: 2학기 들어와서 바쁘게 지냈어요. 지난주는 수학여행도 가고.

상2: 요즘 생활은 어때?

내2: 그저 그렇고 학교 다니기 싫어요.

상3: 무슨 힘든 일이 있니?

내3: 그냥 다 싫어요.

상4: 검사지에 보니까 매우 그렇다고 표시한 것이 굉장히 많은데…….

내4: 음….

상5: (표시된 항목을 읽음) 원치 않는 생각이나 장면이 자꾸 떠오른다. 음…. 잠들기 어렵거나 깊이 자지 못하고 자주 깬다. 화가 나면 참기 어렵다. 음…. 만사가 귀찮고 재미가 없다. 뚜렷한 이유 없이 자주 여기저기 아프고 불편하다.(예: 두통, 복통, 구토, 메스꺼움, 어지럼 등) 네. 내 생각을 다른 사람들이 다 알고 있는 것 같다. 음…. 나는 남보다 열등감이 많다. 음…. 이유 없이 기분이 며칠간 들뜬 적이 있거나 기분이 자주 변하는 편이다. 기다리지 못하고 생각보다 행동이 앞선다. 음…. 다른 사람들이 나에 대해 수군거리는 것 같다. 가만히 앉아 있지 못하고 손이나 발을 계속 꼼지락거린다. 음…. 원치 않는 행동을 자꾸 반복하게 된다.(예: 손 씻기, 확인하는 행동, 숫자 세기 등) 이 중 어떤 것을 주로 하나?

내5: 어떤 거요?

상6: 손 씻기, 확인하는 행동, 숫자 세기 이것 중에서.

내6: 음…. 숫자 세기를 많이 해요.

상7: 숫자 세기를 자주 한다 말인가?

내7: 네.

상8: (다시 표시된 항목을 읽음) 이유 없이 일주일 이상 우울하거나 짜증이 난다. 쓸데없는 걱정을 한다.

내8: 그것 진짜 많이 해요.

상9: 이것들 중 무엇이 가장 문제가 되는 것 같아?

내9: 지금요?

상10: 그래 매우 그렇다고 표시해 놓은 것 중에서.

내10: 음…. 기다리지 못하고 그거요.

상11: 기다리지 못하고 생각이 행동보다 앞선다 말인가?

내11: 네.

상12: 그리고 앞 페이지에 표시해 놓은 것 보면서는 어때? (앞, 뒤쪽으로 되어 있어 뒤쪽을 보고 있음)

내12: 음…. 앞엣 것은 잠들기 어려운 것. 음…. 누군가 다 알고 있는 것 같은 것.

상13: 음…. 누군가가 다 알고 있는 것 같다?

내13: 네.

상14: 누군가가 누구지?

내14: (웃으며) 그냥 전부 다요.

상15: 전부 다?

내15: 음, 사회생활 하다 보니 전부 다 내 이야기를 다 듣는 것 같아요.

상16: 네 이야기를 듣는 것 같아?

내16: 아니 내 생각을 다 읽는 것 같아요.

상17: 사람들이?

내17: 네. 무슨 생각을 하는 건지.

상18: 네. 생각을 다 아는 것 같다 이 말인가?

내18: 네.

상19: 그러면 그때의 기분이나 느낌은 어때?

내19: 아, 불안해요.

상20: 그렇겠지. 항상 내 생각을 다 알고 있다고 느껴지니 언제부터 그
　　 런 것 같니?

내20: 그게요. 음, 언젠지는 잘 모르겠는데 꽤 오래된 것 같아요.

상21: 이런 생각이 든 지가 꽤 오래되었다 말이지?

내21: 네.

상22: 그러면 진짜 다른 사람들이 네 생각을 알았던 경험이 있나?

내22: 아니요.

상23: 그런 경험은 없단 말인가?

내23: 네.

상24: 단지 네 생각이란 거야. 그치?

내24: 네.

상25: 그럼 실제로 다른 사람들이 네 생각을 알 수 있을까?

내25: 아니요.

상26: 모르지?

내26: 네.

상27: 단지 다른 사람들이 내 생각을 알고 있을 거야 하는 생각만 한다
　　 그렇다 말인가?

내27: 네.

상28: 실제로는 너도 다른 사람들이 네 생각을 알지 못한다는 것을 알고 있는데…….

내28: (웃으면서) 네.

상29: 무엇 때문에 그런 생각이 드는 것 같나?

내29: 나도 모르겠어요. 그냥 가만 있다가 뭔가 생각을 하고 있으면 그래요. 사람들이 이상하게 보이면요.

상30: 사람들이 네가 보기에 조금만 이상하게 보이면 사람들이 네 생각을 알고 있는 것 같다는 말인가?

내30: 네. 내 생각을 다 아는 것 같아요. 제가 무슨 생각을 하는지.

상31: 네가 무슨 생각을 하는지 실제로는 아니라는 것은 알지만 그렇다 말이지?

내31: 네. 아닌데 그것을 알고 있는데 그게 안 돼요.

상32: 실제로는 그 사람이 네 생각을 알지 못하는 것을 아는데…….

내32: 네, 이렇게 말을 하면 아는데 그냥 있을 때는.

상33: 그냥 있을 때는 아는 것 같다. 그래서 말해 보면 모른다고 했다.

내33: 네.

상34: 그러면 이때까지 네 생각을 안 사람은 없었다 그 말인가?

내34: 네.

상35: 실제로는 말해 보니 안 사람이 없었다. 그치?

내35: 네.

상36: 그런데 왜 자꾸 사람들이 '내 생각을 알 거야. 알 거야.'하는 생각이 나지?

내36: 네, 그런 생각이 자꾸만 나요. 나도 모르겠어요.

상37: 실제로는 아닌 것을 알면서도 그렇다 말이다, 그치?

내37: 네.

상38: 그것이 좀 이상하다, 그치?

내38: 네.

상39: 혹시 네 생각이 들통이 난 적이 있었나?

내39: 진짜 한 번도 없었어요.

상40: 그런 경험이 한 번도 없었다?

내40: 네.

상41: 네 생각이 들통난 적이 한 번도 없었다?

내41: 네.

상42: 그런데 존재하지 않는 것을 확실히 알면서도 불안하다?

내42: 네.

상43: 네 생각에는 무엇 때문에 그런 것 같니?

내43: 쓸데없는 생각을 많이 한 것 같기도 하고 그래서 그런 것 같은데 잘 모르겠어요.

상44: 마치 귀신이 없는데 있는 것같이 느끼는 것과 같다. 그렇지? 마치 으슥한 곳에 가면 마치 귀신이 나올 것 같은 것같이….

내44: 귀신은 있지 않아요?

상45: 귀신을 본 적이 있나?

내45: 본 적은 아니지만.

상46: 귀신을 본 적이 없지만 어둡고 희미할 때 어떤 물체가 사람같이 보이면 귀신이라고 생각하는 경향이 많지. 두려움 때문에. 선생님이 군대에서 야간에 경계를 하러 가면 해 지기 전에 가서 물체를 확인하지. 그렇지 않으면 밤에 나무가 흔들리면 무서워서 적군이라 생각하고 총을 쏘기 때문이지. 적군이 올 것이라고 생각하면 마치 나무가 흔들리면 꼭 사람같이 보여. 생각을 많이 했기 때문이지. 이것은 나만 그런 것이 아니고 대부분의 사람이 그렇게 생각하기 때문에 군대에서 그렇게 실시하고 있단다. 귀신에 대해서도 나라마다 다 다르잖아.

내46: 네.

상47: 우리나라는 처녀귀신, 중국의 강시는 남자이고, 유럽에는 드라큘라도 남자이고, 각 나라마다 다 다르지.

내47: 네.

상48: 그런데 왜 우리나라만 처녀귀신인지는 옛날에 여자들이 한이 많아 죽으면 귀신이 된다고 하는 이야기가 많이 있잖아. 그런 이야기를 자꾸 듣고 들으면 마치 있는 것처럼 믿어지지. 특히 이야기에 나오는 환경과 비슷한 환경이나 두려움에 사로잡히면 그렇게 보이기도 하지. 너도 다른 사람들이 내 생각을 알 것이라는 것도 뭔가를 들었는지 한 것이 있을 것 같아.

내48: 다른 사람이 내 표정을 보면 내 생각을 알 것 같다는 생각이 들어요.

상49: "어떤 사람은 사람의 표정을 보면 생각을 알 수 있을 거야."하는 것을 들은 적은 없니?

내49: 없어요.

상50: 전혀 그런 적이 없는데 어떻게 다른 사람들이 네 표정을 보면 네 생각을 안다는 생각이 들지?

내50 : 그냥 내가 생각을 하고 있는데 몇몇의 사람들이 내 생각을 읽은 것 같은 행동을 해요. 착각이겠지만 행동을 보면 그런 생각이 들어요.

상51: 응.

내51: 그런데 그 사람의 표정을 보면 이상해요. 그런 생각을 할 때 그 사람들의 표정이 다 어두워요.

상52: 그런데 그 사람들이 너와 아는 사람인가 모르는 사람인가?

내52: 모르는 사람도 있고 아는 사람들도 있어요.

상53: 그런데 그중에서 어느 누구도 "너 지금 이런 생각을 하고 있지?" 라고 말한 적은 없다 말이지?

내53: 네.

상54: 그럼 네 표정을 보니 좀 이상한데, 혹 무엇 때문에 그런지 그 사람에게 물어본 적은 있나?

내54: 없어요.

상55: 그럼 네 생각을 읽고 있다는 생각이 들거든 정말로 그런지 한번 물어봐. 몇 번을 확인하여 아니다 하는 것을 아는 것이 필요하거든.

내55: 네.

상56: 확인을 안 하면 표정이 좀 이상하면 혹시 네 생각을 읽은 것 아닌가 하는 생각이 들 수 있지.

내56: 부끄러워서 어떻게 물어봐요.

상57: 혹시 텔레파시나 독심술 같은 것을 믿니?

내57: 네.

상58: 그런 것을 믿으니 그런 생각을 할 수 있겠다. 그런 종류의 책을 좋아하나?

내58: 네. 좋아한 적이 있었어요.

상59: 그런 책을 좋아한다고?

내59: (웃으며) 네.

상60: 그러니 그럴 수 있을 것 같다. 옛날에 TV에서도 그런 것도 나오고 했고 해서 사람들이 내 생각을 읽을 수 있을 것이라는 생각이 들 것 같다. 그러면 그런 생각에 빠질 수 있어.

내60: (웃으며) 그런 것 같아요.

상61: 실제로 우리 마음을 아는 사람은 없어. 하나님만 우리 마음을 알 수 있지. 실제로 독심술을 한다는 사람이 있으면 경찰이나 이런 곳에서 수사할 때 활용하지. 그러면 거짓말 탐지기도 필요 없을 것이고 이 사람 앞에는 모든 것이 들통나는 데 활용을 못하는 것은 신빙성이 없고 과학적으로 증명이 되지 않았기 때문에 활용을 못하지.

내61: 네.

상62: 아니면 우연히 네가 무슨 생각을 하는데 그 사람의 표정이 이상해졌을 수도 있어. 사실은 그 사람도 뭔가 생각을 하다고 혹은 친구와 이야기하다가 그런 표정을 지었는데, 그것이 너의 생각과 일치가 되어 보이는 경우가 있잖아.

내62: (얼굴 표정이 밝아지며) 네.

상63: 그런 것을 몇 번 경험하면 '사람들이 내 생각을 아네.'하는 생각이 들 수 있어.

내63: 맞는 것 같아요.

상64: 네가 무슨 생각을 하고 있을 때, '저 사람이 내 생각을 알 거야.' 혹은 '알았네.'하고 짐작을 하는 것 같은데 마치 도둑이 제 발 저린다는 말처럼 경찰이 있으면 행동이 부자연스러워져서 잡히는 경우가 있거든.

내64: 네.

상65: 그러니 앞으로 그런 생각이 들면, 물어봐. 무엇 때문에 그런 표정을 짓는지. 그것을 몇 번 하다 보면 이런 문제는 해결될 수 있을 거야.

내65: 네.

상66: 남의 생각을 읽는 사람이 있으면 무엇 때문에 경찰에서 힘들게 수사하고 재판하고 하겠나? 요즘 이석기 사건에서 보듯이 우리나라 최고의 정보기관에서도 모르니 내부 고발자를 매수했는지는 모르겠지만 그를 통해 구속시켰잖아.

내66: 네.

상67: 우리 속담에 소가 뒷걸음치다가 쥐를 잡는다는 말이 있잖아. 그런데 그런 것은 거의 일어나지 않는데 어쩌다가 우연의 일치로 그런 것이 일어났다고 우리 소는 뒷걸음질치다가도 쥐를 잡는다고 할 수 없잖아. 그런데 한번 우연히 맞추었다고 그것을 믿는 것은 과잉일반화하는 것이지. 그런데 사람들은 그것을 믿는 사람들이 있어. 대표적인 것이 경마장이나 카지노 같은 사행성 게임이지. 어쩌다가 한 번 돈을 따면 빠져나오기 어려운 사람들이 있지. 어제 신문에도 그런 기사가 있었는데, 이 사람은 시골에서 초등학교만 나와서 서울서 카센터에서 일하다가 자기가 독립해서 강남에 아파트도 두 채 가지고 아들도 중학생으로 공부도 잘하는데 자기 가게 옆에 경마장이 있어 한번 했는데 90만원을 땄어. 그러니 이 사람이 이렇게 쉬운 방법이 있는데 나는 그동안 기름 만지고 했다고 하면서 경마장에서 살다시피 했는데 결국 몇 달 못 가서 카센터도 망하고 전 재산을 다 탕진하여 자살을 하게 되었다는 기사가 있었어. 그러니 혹시라도 너의 생각을 알았다 치더라도 네가 아니라면 실제 그 사람도 자기가 알았는지도 몰라.

내67: 네.

상68: 너는 신앙생활을 하니 우리의 마음을 아시는 분은 하나님밖에 없다라는 말을 하루에 10번은 스스로 해 보길 바라. 특히 다른 사람이 내 생각을 읽고 있다고 생각이 들면은 자꾸 되새겨 봐. 그러면 많은 도움이 될 거야.

내68: 네, 알겠습니다.

상69: 지금 기분은 어때?

내69: 많이 편해진 것 같아요.

상70: 다른 것도 보면 사람을 너무 의식하는 것에 체크가 많이 된 것 같네!

내70: 네. 사람을 많이 의식해요.

상71: 그러니 사람을 의식하니까 다른 사람들이 조금만 이상하면 마치 나를 알고 생각이 읽혔다고 생각하지. 그런 것 같니?

내71: 네, 왜 그런 가요.

상72: 네가 민감하고 열등감이 많다고 했잖아.

내72: 네.

상73: 나는 괜찮은 사람이라고 생각하면 열등감에 사로잡힐 필요가 없지.

내73: 네.

상74: 열등감이 있으니 사람을 의식하게 되고 그렇다 보니 사람들의 행동이나 표정이 조금만 이상하면 '내 생각을 아나 보다.'고 생각하지. 그리고 남의 비난에 힘들어하지.

내74: 네.

상75: 대통령도 그렇고 비난을 많이 받고 심지어 연예인 중에 악플로 인하여 자살하는 사람도 있지.

내75: 아, 그래요.

상76: 어떤 사람은 악플을 달든지 말든지 나를 미워하는 사람도 있지만 좋아하는 사람도 많다라고 긍정적으로 보는 사람도 있어. 넌 무엇 때문에 사람에 민감하다고 생각하지?

내76: 완벽하게 보이고 싶어서 그런 것 같아요.

상77: 완벽해야 된다고 생각하니 사람들을 의식하게 되지. 그런데 무엇 때문에 완벽해야 된다고 생각하지?

내77: 뭐라고 하지……. 음, 인정받고 싶어서 그래요.

상78: 인정받고 싶어서 그런다?

내78: 네 하나라도 실수하면 그 사람을 욕하잖아요.

상79: 그런데 실수 안 하는 사람이 있나?

내79: 없어요.

상80: 너는 나는 절대로 실수하면 안 된다는 그런 신념에 사로잡혀 있는 것 같구나.

내80: 저한테 그런 것이 있는 것 같아요. 꼭 실수하면 안 된다는 생각이 있어요.

상81: 나는 반드시 완벽해야 한다 완벽하지 않으면 나는 참을 수 없다, 비참하다?

내81: 그것까지는 아니더라도 완벽해야 한다는 생각이 있어요.

상82: 완벽하지 않으면 느끼는 감정은 있을 것인데…….

내82: 못났다고 느껴져요.

상83: 그것이 바로 낮은 자존감에서 오는 것이야. 조금만 잘못하면 실수하면 열등의식도 느끼고…….

내83: 네.

상84: 그런 생각 때문에 힘든데 실수 안 하는 사람이 어디 있나?

내84: 없어요.

상85: 어떤 사람은 실수해도 실수했다고 하면서 넘어가는데 넌 실수했다고 해서 속상해하는 것이 네 삶에 도움이 되나?

내85: 안 돼요.

상86: 실수 안하는 사람이 없기에 그것을 인정하는 것이 필요하겠지.

내86: 그런데 어려서부터 가족들이 시간약속, 예의……. 그런 것을 집에서 너무 강조해서 그런 것 같아요.

상87: 가족들이 그런 교육을 많이 시켰다 말이지?

내87: 네. 예의 그것을 중요시했어요.

상88: 어릴 때부터 그런 것 때문에 지금도 남 눈 밖에 나면 안 된다는 생각이 있구나. 그런 얘기를 부모님들이 많이 하는데 넌 민감하게 반응을 하는 것 같구나.

내88: 네.

상89: 그러다 보니 사람들을 자꾸만 의식하네! 그러니 사람과의 관계에서 긴장되고 피곤하고 조금 이상하면 나를 아는 것 같고 그런 것 같네.

내89: (웃으며) 네.

상90: 그러니 피곤하기만 하고 도움도 안 되고.

내90: (웃으며) 네.

상91: 요즘은 남이 한다고 해서 꼭 같이는 안 하는 경향이 있잖아. 아

이돌 같은 자들은 자유분방하고 옷도 개성 있게 많이 입고 그렇
잖아.

내91: 네, 그래요.

상92: 그리고 야구 선수 중에 3할대 타자면 아주 잘하는 거잖아. 롯데
는 1명 밖에 없고. 3할대라는 말은 10번 중에 3번 안타 치면 되잖
아. 7번은 죽어도. 그런데 그런 선수를 잘한다고 하지. 돈도 많이
받고. 그런데 네가 한 번씩 실수를 한다고 해서 그것이 뭐 그렇게
창피하고 그럴 필요가 있을까? 말 그대로 실수한 것인데 고의도
아니고.

내92: 네, 그러네요.

상93: 또 다른 것에 대해 이야기할 것 있나?

내93: 이젠 괜찮아요.

상94: 앞으로 내 생각을 아는 분은 하나님밖에 없고 사람들은 모른다는
것과 남이 의식되면 복음송가 「내모습 이대로 주 받으옵소서」하
는 노래를 불러 봐. 하나님께서 내 있는 그 모습대로 사랑하시기
에 나는 내 존재 자체로 존귀한 자라는 말을 하길 바란다. 그러면
편할 것이다. 그렇게 해 보고 다음에 보자. 잘 가.

내94: 네, 수고하셨습니다.

3. 사례 논평

본 사례는 학교의 상담자가 학생정서·행동특성검사에서 높은
점수가 나온 학생을 호출하여 상담이 이루어진 사례이다. 상담자

는 검사 결과에 근거해서 상담을 해 나가던 중에 내담자에게 "다른 사람이 다 내 생각을 아는 것 같다." 그러므로 내담자는 늘 두려움과 불안을 느낀다고 호소하고 있다. 상담자는 실제로 내담자에게 사람들이 너의 마음을 읽는다고 느낄 때 그것이 정말 사실인지에 대해서 확인을 하는 것이 필요하다고 하자 내담자는 부끄러워서 물어볼 수 없다고 대답한다. 이때 상담자는 텔레파시나 독심술을 믿느냐고 하자 내담자는 그렇다고 대답한다. 그런데 주제를 이렇게 넘어가기 전에 "부끄러움 무릅쓰기 연습(또 다르게는 수치심 공격하기)"이라는 것이 있는데 부끄럽더라도 상대방에 몇 번이고 물어보아서 상대방이 지금 나의 마음이나 생각을 읽은 것이 아니라는 대답을 듣게 되면 확실하게 다른 사람이 내 마음을 읽을 수 없다는 것을 깨닫게 되었을 텐데 그 기회를 놓친 것이 아쉽다. 그렇지만 상담자가 인간의 마음을 알 수 있는 것은 하나님밖에 없으며 독심술이 신빙성이 있고 과학적으로 증명이 되는 것이라면 수사기관에서 거짓말 탐지기를 쓰지 않아도 될 것이라는 예는 적절해 보인다. 여기에 부가하여 소가 뒷걸음치다가 쥐를 잡는다는 우리 속담을 활용하여 그런 것은 거의 일어나지 않는데 어쩌다가 우연의 일치로 그런 일이 일어났다고 우리 소는 뒷걸음질할 때마다 쥐를 잡는다고 생각한다면 그것은 과잉일반화된 생각이라는 점을 잘 설명해 주고 있다. 다시 말하면, 어떤 상황에서 다른 사람들이 내 생각을 알아챘다고 하더라도 그것은 우연의 일치이지 그것이 항상 일어나는 것이 아니라는 설명은 내담자의 인지적 수준에 맞는 좋은 설명이었다.

특히 내담자가 기독교 신앙인이라는 점을 활용하여 "우리 마음을 아시는 분은 하나님밖에 없다."라는 대안적 신념을 하루에 10번씩 반복적으로 자기대화(self-talk)를 하게 한 점은 REBT에서 청소년을 대상으로 많이 활용하는 기법을 사용한 것으로 보인다. 이렇게 상담이 진행되어 가는 중에 내담자가 다른 사람을 의식하고 눈치를 보는 진짜 이유는 "다른 사람에게 완벽하게 보여야만 한다."이고 "완벽하게 보이기 위해서 실수를 하면 안 된다."라는 생각을 찾아내었다. 잘나가는 야구 선수 중에서 3할대 타자면 아주 완벽히 잘하는 타자인데 3할대라는 말은 10번 중에서 3번 안타 치면 7번은 죽어도 되는데, 그런 선수는 롯데에도 한 명밖에 없는 귀한 선수라는 이야기를 통해 실수하는 것이 뭐 그렇게 창피한 것이 아니라는 것을 내담자가 깨닫도록 돕고 있다. 이러한 논박의 과정에서 내담자가 완벽하게 보여야만 하는 진짜 이유, 즉 핵심적인 생각은 "다른 사람들에게 인정을 받아야만 한다."라는 스키마를 찾아내는 데 성공하였다.

상담자는 내담자가 "완벽해야만 한다." "실수하면 안 된다."라는, 즉 신념에 대한 추상성의 사다리를 오르락내리락하며 두 가지 생각을 연결하여 논박을 하고 있다. 비교적 상담이 잘 되었지만 "다른 사람에게 인정을 받아야만 한다."라는 스키마를 좀 더 집중적으로 다루어서 우리 삶의 본질은 자신의 주도하에 자기의 삶을 살아가는 것이지 타인의 인정이 삶의 목표가 될 수 없다는 것을 좀 더 분명하게 다루지 못한 점이 아쉽다.

대학생 상담사례

Single session REBT for Beginner

10
남에게 폐를 끼치면
절대로 안 돼요

1. 기본정보

1) 내담자 인적 사항
대학교 간호학과 2학년 남학생

2) 호소문제
"남에게 폐를 끼치면 절대로 안 돼요."

3) 상담경위
내담자는 수도권에 소재한 대학의 간호학과 2학년에 재학 중인 남학생이다. 본 대학 학생상담실의 상담자에 의해 이루어진 REBT 집단 상담 중의 일부이다. 자신의 학교생활을 돌아보며 고민거리를 ABC 기록지 작성을 통해 분석을 시도하고 있다.

2. 상담 과정(축어록)

(상: 상담자, 내: 내담자)

상1: 훈이의 ABC 기록지를 분석해 보자.

내1: 네. 제가 발표할 것은요……. 음, '어떤 일을 할 때 자꾸 실수를 한다. 실수를 하는 것은 다른 사람에게 피해를 끼칠 수 있다. 그래서 비합리적인 신념은 실수를 하는 것은 다른 사람에 민폐를 끼치는 일이다. 민폐를 끼친다……'라고 생각해요.

상2: 민폐? 구체적인 예를 들 수 있겠니? 어떤 것을 말하는지 말이야.

내2: 음. 그냥 작은 실수 말이에요. 어떤 거든. 알바라든지…….많이 하지 않는데…….

상3: 최근에 네가 겪은 일을 이야기해 주면 더 좋겠네.

내3: 음. 예를 들면 친구들이랑 술을 먹다가 물컵을 쏟았어요. 그래서 친구 옷이 젖었다면 그건 민폐잖아요.

상4: 그게 네가 실제로 겪은 일이니?

내4: 아니, 예를 들자면요.

상5: 그래, 훈아. 네가 일단 물컵을 쏟았다고 해 보자. 네가 일부러 그런 건 아니잖니? 민폐를 주려고. 그건 실수라고 볼 수 있잖아.

내5: 실수라도 옷이 젖었으니 폐를 끼친 거잖아요.

상6: 의도함이 없었는데 그건 사과할 일일뿐, 폐를 끼쳤다고 할 순 없는 것 같아. 훈아, 선생님 생각에 네가 실제로 겪은 일을 말하면 더욱 좋을 것 같아. 어떠니?

내6: 음…. (한참을 망설이다가) 그냥 작은 실수도 모두 말하는 건데요.

상7: 작은 실수도 괜찮아. 네가 민폐를 끼쳤다고 생각하는 최근의 일을 한번 생각해 볼까?

내7: …… 음. 최근에 축구를 했는데 제가 골키퍼였거든요. 근데 골을 잘 못 막아서 점수를 내줬고 같이 축구를 하는 팀에게 미안하게 느껴졌어요. 그것도 민폐이지요.

상8: 네가 골키퍼였는데 골을 먹혔다는 이야기이니?

내8: 네. 그렇죠.

상9: 골을 먹어서 점수를 내주면 팀원들에게 미안한 일일 수도 있지. 하지만 그게 민폐를 끼친 것은 아닌 것 같은데. 왜 그런 생각이 들었던 거니?

내9: 왜냐하면……. 같이 축구를 했는데 내가 잘 못했으니까요. 팀원들이 실망하고 화가 나잖아요. 지면은. 그러니까 민폐이지요. 내가 잘해서 막으면 그런 일이 안 생기니까요.

상10: 하지만 훈아. 네가 축구선수도 아니고, 아니, 설령 축구선수라고 하여도 골키퍼가 모든 골을 막을 수는 없어. 골키퍼가 골을 내주는 것은 민폐라 할 수 없을 것 같아.

내10: 글쎄요…….

상11: 그럼 훈아. 골키퍼가 골을 먹거나 아까 예를 든 물컵을 쏟는 것 같은 작은 일의 실수가 다른 사람에게 민폐가 된다는 말인데, 그런 작은 실수들을 견딜 수 없는 것 같아. 혹시 '이런 실수를 하다니 나는 한심한 인간이다.'라고 생각하는 것은 아닐까?

내11: 한심한 인간이요? 그렇게까지는 아니에요. 정말이에용.

상12: 그래?

내12: 네. 아. 뭐. 그냥 점수를 내주면 좀 미안한 정도예요.

상13: 그래 그럼. 실수에 대해서는?

내13: 실수를 하면 다른 사람에게 폐를 끼치는 것은 맞는 거잖아요. 미안한 거구요. 아까 물컵을 쏟을 때 처럼 옷이 젖으니까요. 그러니까 제가 실수를 하지 말아야지요. 그러면 될 것 같은데……. 그냥 미안한 정도예요. 제가 부주의했으니까 물을 쏟았으니 좀 더 신경 써서 실수를 안 하면 될 것 같은데요.

상14: 하지만 실수를 안 하는 사람은 없잖아. 그렇지?

내14: …….(말 없이 가만히 있는다.)

상15: 좀 더 이야기해 볼까?

내15: 네…….

상16: 그럼, 훈이는 어떤 실수를 하는 것이 특히 민폐가 된다고 생각하니?

내16: 잘 모르겠어요. 그냥 특별히 그런 경우가 있는 것이 아니라 다른 사람이 피해를 입을 경우에요. 실수 없이 잘하면 좋은 거잖아요.

상17: 물론 그렇지. 하지만 실수를 하지 않는 사람은 없어. 같은 실수가 여러 번 반복되는 것이 아니라면 말이다.

내17: 근데 제가 실수를 해서 다른 사람에게 폐를 끼치면 기분이 안 좋잖아요. 실망하니까. 그러면 좀 안 좋잖아요.

상18: 실수를 안 하고 더 완벽하게 하고 싶은 마음이 있는 것 같네?

내18: …… 그런가? 그런 건 아닌 것 같은데……. 완벽하게 하면 더 좋은 것 같은데……. 제가 잘 못하는 것들을 실수 안 하고 완벽하게 하면 더 좋겠죠.

상19: 잘 못하는 것들?

내19: 음……. 공부요?

상20: 공부?

내20: 네. 공부요. 더 실수 안 하고 완벽하게 하면 좋을 것 같아요. 잘하는 것도 없고…….

상21: 공부하는 것에 실수가 있어서 하기 힘들다고 생각하니? 훈이 정도면 공부를 못하는 것은 아닌데?

내21: 저 잘 못해요. 고등학교 때도 잘 못했어요. 하하하…….

상22: 잘 못했으면 대학에 올 수 없지. 몇 등이나 했는데 그러니? 말해 줄 수 있을까?

내22: 한……. 반에서 5~6등 정도요?

상23: 그 정도면 못하는 것은 아니잖아. 훈아.

내23: ……그런가요? 근데 공부하면서 작은 실수들이 있으니까 더 잘할 수도 있었는데 잘 못했었어요. 항상 그런 생각이 들더라구요.

상24: 항상? 요즘도?

내24: 네. 언제부터였는지 모르겠어요. 음……어…….(한참을 생각하다가) 성적을 받아 와도 어렸을 때는 부모님이 칭찬해 주신 적도 없었고. 뭐 잘해도……. 제가 외국인 학교를 나왔는데 거기서 어렸을 때 트럼펫을 배웠었는데 선생님은 아주 잘한다고 했었어요. 누구를 가르쳐도 될 만큼이요. 근데 부모님은 아무 말도 없으셨어요.

상25: 그랬구나.

내25: 칭찬해 주신 적이 별로 없었어요. 못한다고만 하고……. 그래서 더 잘하면 좋잖아요. 그렇게 생각했던 것 같아요. 내가 잘할 수 있는 것들은 괜찮은데, 잘 못하는 것들은 실수 없이 더 잘하고 싶어요.

상26: 그래. 훈아. 실수 없이 잘 하고 싶다는 거네?

내26: 아, 네…… 남들보다 더 잘했으면 좋겠어요.

상27: 남들보다 더 잘해야 부모님께 칭찬받을 수 있고 그래서 실수하는 것을 참을 수 없다는 것 같아. 그러니?

내27: 네……. 실수하는 것을 참을 수 없는 것 같아요. 아까 아니라고 했는데…… 그런 거 같아요.

상28: 그래, 그렇지?

내28: …… 네.

상29: 그렇다면, 실수하지 않는 사람이 없는 것처럼 어떤 일을 함에 있어 실수 없이 완벽하게 할 수 있을까?

내29: ……음, 아니요. 없을 것 같아요.

상30: 그렇지. 사람은 신이 아닌데 실수 없이 완벽하게 할 수 있는 일이 없지. 또 실수를 통해 배워서 성장할 수 있는 기회를 얻을 수 있는 것도 있으니까. 정말 아주 작은 일이라도 좋으니 사람이 실수 없이 완벽하게 할 수 있는 일이 있는지 예를 들어 볼래? 과연 그런 일이 있을까?

내30: 없을 것 같긴 해요. 그런데 저는 (머뭇거리면서) 어릴 때부터 스스로 자기 전에 그날 무슨 일이 있었는지 생각해 보고 고칠 것이 뭔지 생각해 봤었어요. 아. 이렇게 하면 좋겠다. 이렇게요. 그런데 실수하는 것, 이런 생각이 안 고쳐지던데요? 이렇게(논박) 하면 될까요?(주변에 같이 상담과정을 듣고 있던 학생들이 웃으며)

친구들: 그건 네가 잘 못 논박했으니까 그런 거지. 하하하. 논박을 한 게 아니야. (그 말을 듣자 훈이도 같이 웃음.)

내30: 헤헤헤. 그런가요?

상31: 그래, 훈아. 그건 논박을 했다기보다는 반성을 했던 것 같아. 네가 잘못했다고 전제하에 "잘못하지 말자." 이렇게 말한 것 같은데? 안 그러니?

내31: 아, 네. 그런가 봐요.

상32: 자. 훈아. 그럼, 네가 한번 말해 볼래?

내32: 네. 실수 없이 완벽한 사람은 없어요. 또 실수를 한다고 해서 가치 없는 사람이 되는 것은 아니에요.

상33: 어째서 그렇지?

내33: 누구나 실수를 할 수 있으니까요. 아까 선생님이 말씀하신 오타에 관한 이야기도 그렇구요.

（이 내담자 전에 상담한 학생이 오타가 절대 있으면 안 된다는 신념을 가지고 있었다. 그 학생의 비합리적 신념을 꽤 오랫동안 다루었는데 그런데 우연찮게 상담자가 준비해 간 유인물에 오타가 있었다. 상담자는 그것을 예를 들면서 오타와 같은 실수는 누구나 할 수 있고 오타가 있다고 해서 상담자가 가치 없는 사람이냐는 문답을 한차례 하였다.）

상34: 그래, 훈아! 잘했다. 방금 그 예도 좋지. 오타와 같은 실수를 한다고 해서 선생님이 가치 없는 인간이 되는 건 아니잖니?

내34: 네. 무슨 말씀하시는지 알겠어요. 실수는 누구나 할 수 있고 실수를 한다고 한심한 것은 아니라는 것이지요.

3. 사례 논평

내담자는 수도권에 소재한 의과대학의 간호학과 2학년에 재학 중인 남학생으로 집단상담 중에 본 내담자와 이루어진 상담 중 일부이다. 본 상담은 단일 회기 상담은 아니었으나, 총 8명이 참석한 집단상담 중에서 본 내담자에게 집중된 상담을 추출한 상담시간의 단면이다. 이 내담자는 자신의 크고 작은 실수가 남에게 민폐를 끼치기 때문에 절대로 남에게 폐를 끼치면 안 된다는 비합리적인 생각을 지니고 있다. 상담자가 내담자의 이러한 비합리적 신념의 형성과정에 대해서 탐색을 하자, 언제부터였는지는 모르지만 아마도 내담자가 어렸을 때부터 부모님이 칭찬해 주신 적이 없다는 회상을 하고 있다. 내담자가 어렸을 때 트럼펫을 잘 불어서 남을 가르칠 정도로 잘했음에도 부모는 이에 대한 말씀이 없으셨다고 한다. 오히려 내담자가 좀 부족한 것을 들추어내서 못한다고 지적만 했다고 한다.

이러한 부모의 태도 때문이었는지 내담자는 어렸을 때부터 스스로 자기 전에 무슨 일이 있었는지 생각해 보고 고칠 것이 무엇인지 생각해 보는 습관이 생겼는데 실수를 해서는 안 된다는 생각은 고쳐지지 않는다고 고백하고 있다. 간호학과는 학과의 특수성상 학생들이 실수하면 안 된다는 생각을 강박적으로 하고 있다. 이 학생은 어렸을 때부터 부모의 기대에 부응하고자 이런 신념으로 꽉 차 있는데 여기에 부가하여 간호학이라는 전공이 이 학생을 더 강박적으로 몰고 갈 수 있는 상황적 배경으로 작동하고 있는 듯이 보인다. 상담자가 내담자의 "실수해서는 안 된다."라는 비합리적 신념의 기원이 어린 시절로 거슬러 올라가고 부모님의 태도에서 그 연원을 살피게 한 것은 잘한 일이다. 내담자가 실수의 미학에 대해서 통찰해 보고 실수하지 않으려고 할수록 오히려 하게 된다는 것을 보게 하였으면 더욱 좋았을 것이다. 실수를 통해서 배우고 실수를 하는 것이, 내담자의 주장대로 굳이 남에게 폐를 끼치는 것이라면, 남에게 폐를 끼치면서 살아가는 관계의 미학에 대한 성찰이 이루어지도록 하였으면 좋았을 것이다. 한 인간이 성장해 가는 데 부모는 절대적인 영향력을 행사한다. 강박을 느끼는 만큼 완벽하고 실수하지 않으려는 내담자 중에는 어렸을 때 앞의 내담자와 같은 부모를 둔 사례를 종종 만나게 된다. 부모들은 자녀 양육에 있어 여러 가지 신화를 많이 가지고 있다. 칭찬이 인색하면 아이를 망친다는 생각도 그중 하나이다.

11
공부하기 싫고
매사에 자신이 없어요

1. 기본정보

1) 내담자 인적 사항
대학교 간호학과 3학년 여학생

2) 호소문제
"공부하기 싫고 매사에 자신이 없어요."

3) 상담 경위
수도권 대학의 간호학과 3학년에 재학 중인 내담자는 공부하기가 싫고 매사에 자신감이 없다. 특히 부모는 공부를 잘해 의대에 진학하여 현재 의사인 언니와 수시로 비교하고 본인 자신도 항상 남과 자신을 비교하며 괴로워한다.

2. 상담 과정(축어록)

(상: 상담자, 내: 내담자)

…(전략)…

상1: 자, ○○아. 어떤 거든 상관없어. 네가 생각하는 친구관계도, 학교 생활도 어떤 것이든 상관없어.

내1: 무슨 이야기를 해야 할지 모르겠어요.

상2: 그럼 내가 물어보는 것에 질문하면서 생각해 봐. 아까 과제 하는 것이 짜증 난다고 했잖아. 과제의 어떤 것이 짜증 나?

내2: 요구하는 게 너무 많아요.

상3: 요구하는 게 어떤 거야?

내3: 사정부터 평가까지 너무 완벽함을 요구해요. 그래서 방향을 못 잡겠어요.

상4: 전체적으로 모든 걸 하나도 빠짐없어 해야 한다고 ○○이한테 요구를 한다는 거니?

내4: 이거 하면 저것도 해야 되고.

상5: 실제로 지적을 당했어? 그럴 때 기분이 어땠는데?

내5: 기분요? 기분이 나쁘진 않아요. 처음에는 의아해요. 그런데 집에 가서 수정하다 보면 열 받아요.

상6: 왜 열이 받을까?

내6: 처음하는 과정에는 인정하고 하는데, 과목마다 반복되잖아요. 짜증 나요. 실습 자체가 짜증 나요. 계속 이거 해 와라, 저거 해 와라

하니까 짜증 나는 거죠.

상7: 부담되니?

내7: ……네.

상8: 왜 부담되니?

내8: 왜냐구요? 그냥 애들이랑 비교되는 것도 있고…….

상9: 잘해야 될 것 같고……?

내9: ……네.

상10: 음……. 근데 애들에 비해 ○○이가 못하는 것 같아?

내10: 네.

상11: 어떤 것을 특히 못하는 것 같아?

내11: 뭔가……. 나서서 하는 거나 자료 제출한 것을 봐서…….

상12: 나서서?

내12: 실습할 때 나서서 뭐 하잖아요.

상13: 아 혈압을 잰다던지, 환자들한테 말 건다던지……. 이런 거요.

내13: 계속해야 되잖아요. 팔이 아파요. 너무 많아서……. …(중략)…

상14: 너무 많아서 하기 싫은 거야? 단지?…….

내14: 그리고……. 환자를 대하기가 좀 힘들어요.

상15: 어떤 것이 힘들어?

내15: 말 붙이는 거. 내성적이잖아요.. 아시잖아요? (웃음)

상16: 어려워? 싫어할 것 같아?

내16: 네. 학생이니까…….

상17: 그런데 실제로 환자한테 말 걸면 환자가 싫어하니? 싫어해?

내17: ……그냥……. 혈압 잴게요. 이 말 만하고는 안 해요. 제 케이스
    환자분, 말 잘해 주실 분 말고는 안 하는데…….

상18: 그래도 사정(assess)해야 되는 사람들한테는 말하지?

내18: 그것도 몇 마디 못 물어봐요.

상19: 싫어할까 봐?

내19: 네……. 그런데 너무 많기도 해요……. …(중략)… 다른 애들은 지어내요. 제가 별말을 다하네요. 그게 일상이에요.

상20: 환자한테 물어보면 되잖아?

내20: 너무 많아서 못 물어봐요. 그리고 요즘 환자들 무서워요. 안 돼요.

상21: 너한테 실제로 뭐라고 한 환자들도 있었어?

내21: 그렇게 해 가지고 언제 간호사 될 거냐구요.

상22: 그렇게? 어디서? 너 속상했겠다.

내22: 네. 그러면서 그 환자가 약사였는데, 간호사가 좋은 직업인 줄 아냐? 곰곰이 생각해 보고 젊었을 때 바꾸라고. 사람 대하는 것이 얼마나 힘든지 아냐고 백의의 천사는 옛날 말이지!

상23: 그래서 넌 어떻게 했어?

내23: 그냥 청진기 꼈어요.

상24: (같이 웃음) 기분은 안 나빴어?

내24: 처음엔 나빴죠. 진짜 나빴어요.

상25: 진짜 나빴을 것 같은데 무슨 생각이 들었어?

내25: 진짜 잘못 생각했나…….

상26: 음……. 근데 ○○이가 평소에 그렇게 생각하고 있었던 건 아니니?

내26: 그 생각은 일학년 때부터 했어요.

상27: 왜 그렇게 생각했니? 허심탄회하게 이야기해 봐. 1학년 1학기 때부터 잘못 생각하는 사람도 있어. 그러니 이야기해 봐.

내27: 1학년 때는 생각이 안 나요. 점점 학년이 올라갈수록 간호만 하게 되니까 나랑 맞는지 안 맞는지 잘 알게 되는 것 같아요.

상28: 어떤 점이 안 맞는 것 같아?

내28: 어려운 질문인데…….

상29: 그걸 생각해 봐야지 극복할 수 있어.

내29: …….첫 번째로…… 성적이 안 나와요. …(중략)… 엄청 열심히 하는 것은 아니지만……. 성적이 안 나오면 하기가 싫어져요.

상30: 아. 성적……. 그건 그렇지. 그런데 흥미가 없어서 학과 성적이 안 좋을 수 있어. 동기화가 안 되니까.

내30: …… 그런가? (한참 생각 후) 그게 명확하게 이유가 있어요?

상31: 본인이 생각하는 이유가 있잖아……. 예를 들면, 선생님이 학교 다닐 때는, 간호학문이 명확한 게 없고, 귀에 걸면 귀걸이 코에 걸면 코걸이 같은 생각이 들었어. 간호사에 대해 모르니까 단순히 의사의 보조로밖에 느껴지지 않았거든. 직업의 자율성이 없다고 느껴졌었어.

내31: 맞아요……. (한참 말없음)

상32: ○○인 그냥 싫은 거니?

내32: …… 일단 전 사람을 돌봐 주고 싶지 않아요.

상33: 돌봐 주고 싶지 않아? 학교가 싫은 건 아니고?

내33: 학교요? 학교도 당연히 싫죠. 이 학교를 누가 좋아해요. …(중략)… 전 체력이 과제도 다 못하겠고…. 성적도 안 좋아요. C+가 두 개나 있었어요. 엄마한테 맞을 뻔도 했어요.

상34: 맞아?

내34: 아니, 그냥 이렇게 손짓만요.(팔을 들며)

상35: 하하하. 엄마가 성적표 검사해?

내35: 그냥 보여 달라고 그래요. …(중략)… 엄격한 집안에 자라서 성적표를 검사해요. 엄청 무서워서 성적표 위조 같은 거 안 돼요. …(중략)… 엄마가 엄청 무서워요. 한창 학창시절에는 엄청 혼났어요.

상36: 주로 뭐 때문에 혼났는데?

내36: 언니랑 비교.

상37: 언니는 무슨 학교 다니는데?

내37: △△의대.

상38: 언니는 어렸을 때부터 공부 잘했겠네.

내38: 언니는 항상 잘했죠. 항상 톱하고……. △△외고 가서 이과로 바꿔서 의대 가고 지금은 △△병원에서 일해요. 언니는 항상 자랑거리죠.

상39: ○○이는?

내39: 저는……. 조금 떨어지는 애.

상40: 조금 떨어지는 애라고는 누가 그랬어?

내40: 엄마가! 엄마……. 아. 이런 이야기하면 또 눈물 나서 안 돼요…….(이미 눈물이 그렁거림). 너무 많이 울어요.

상41: 그 이야기를 좀 하면 좋을 것 같은데.

내41: 하기를 원하세요?

상42: ○○이가 원하면.

내42: 너무 많이 울어서 창피해요.

상43: 창피하긴 뭐가 창피해. 상담하면서…….

내43: 할 때는 괜찮은데…… 집에 가면 창피해요……. …(중략)… 그 이야기할까요? 언니랑 비교당한 이야기?

상44: 응. 해도 돼.

내44: 그 이야기는 아주 가슴 아픈 이야기예요. 초등학교 때부터 계속 그랬어요.

상45: 초등학교 때도?

내45: 초등학교 때는 덜했는데, 중고등학교 때는 계속 그랬어요.

상46: 뭐라고 하시는데? 공부 때문에?

내46: 네. 말은 잘 들었거든요. 중학교 때 잠깐 말 안 들은 거 말고는 무난했어요. …(중략)…

상47: 중학교 때는 왜 말 안 들었어?

내47: 해 봤자…… 얼마나 오르겠나 싶어서…….

상48: 그때 몇 등이었는데?

내48: 한 반에서 잘하면 8등 못하면 15등? 그러다가 중3 때 외고 가고 싶어서 열심히 해서 잘 나왔어요.

상49: 열심히 하면 넌 성적이 잘 나오나 보다.

내49: 근데. 여기서는 아니에요. 이미 열심히 해야 될……. 1, 2학년 때 너무 놀아서 기본적인 지식이 없어요.

상50: 하면서 채우면 되잖아.

내50: 하면 또 나가더라고요.

상51: 또 다시 보면 되잖아.

내51: 끈기가 없어요. 전, 다 지겨워. 그만두고 싶어요.

상52: 왜 그만두고 싶고 지겹고 그래? 해도 안 되니까?

내52: 그것도 있는 거 같아요. 간호사 하면서 얼마나 벌겠나 싶어서요.

상53: 돈 많이 벌고 싶어?

내53: 좋죠. 돈 많이 벌면 좋은 거 아니에요?

상54: 그런데 사람이 많이 벌면서 돈을 많이 벌기를 원하는 사람이 있고, 돈은 덜 벌더라도 명예를 갖고 싶어 하는 사람도 있어. 그렇잖아.

내54: 저는 돈인 것 같아요. 젊을 때는 돈 많이 벌면 좋은 거 아녜요?

상55: 좋지. 지금까지 ○○이 이야기한 걸 들어 보니까 그런 거 같아. 어렸을 때 비교당하고 그래서. 우리 학교 간호학과도 원해서 온 거 아니지?

내55: 네.

상56: 엄마가 우리 학교 다니는 것에 만족 안 하시고. ○○이도 만족 안 하고. 맞아?

내56: 엄마가 만족 안 하시는 것은 맞고, 저는 뭐 만족을 하고 안 하고 뭐가 있겠습니까? 하하하.

상57: 엄마가 만족 안 하시고, 그런 것에 비해 또 성적은 안나오고, 스스로에 대한 자신감이 없고, 자포자기한 것 같은 느낌이 조금은 들어. 많이는 아니어도. 맞니?

내57: 선생님 정확해요.

상58: 해 봤자 소용없다……. 이런 생각이 머릿속에 많이 들어 있는 것 같아. 한두 해 생각이 아닌 것 같고 꽤 오래된 것 같은데?

내58: 맞아요.

상59: 그 이유는, 추측해 보건데 어렸을 때부터 엄마가 성적을 너무 많이 강요하시고, 언니랑 비교하시니까 그랬건 것 같은데?

내59: 네.

상60: 언니는 거의 일이등했던 사람 아니야?

내60: 언니는 대단해요. 머릿속 좀 보고 싶어요.

상61: ○○이는 나름대로 열심히 했는데 거기까지는 도달하지는 못했는데…….

내61: 그러니까 여기 있겠죠. 하하하

상62: 자존감이 많이 떨어져 있는 것처럼 보여. 너 스스로가 언니랑 비교를 많이 하고 있는 것 같아.

내62: 비교를 할 수밖에 없죠.

상63: 어떤 것 때문에 비교할 수밖에 없어?

내63: 눈물이 나올 것 같아요…… 그냥……. 너무 많이 들어와서 머릿속에 세뇌된 것 같아요.

상64: …… 엄마 말고 또 그런 이야기 하는 사람 있어?

내64: 엄마, 아빠 말고 동생.

상65: 동생은 어디 다니는데?

내65: △△대. …(중략)… 그런 게 있어요. 동생은 머리가 좋지만 공부를 안 해서라고 해요. 나는 머리가 나쁘다고 말한 적은 없지만, 저한테 머리가 좋다고 말한 적도 없어요.

상66: 엄마도 엄마인데, ○○이 자체가 언니만큼 하지 않으면 하찮은 인간까지는 아니어도 가치가 없다고 생각하는 것 같은 생각이 들어. 틀리면 틀렸다고 이야기해도 돼.

내66: 다 맞아요.

상67: 그럼. 언니는 항상 중고등학교 내내 1, 2등만 한 사람이잖아. ○○이는 언니만큼은 아니어도, 열심히 했지만 성적이 나오지 않았던 거고. ○○아. 한 집단에서 1~2등은 몇 명이나 되니? 큰

집단에서?

내67: …….

상68: 한 집단에서 1~2등은 언제나 한두 명뿐이잖아. 그러면 나머지 1
～2등을 하지 못하는 수많은 사람들은 다 하찮은 사람이겠네? 그
러니?

내68: …….(한참 뒤) 아니요. 그건 아닌데……. 그걸 계속 듣다 보면,
그렇게 생각돼요.

상69: ○○이가 엄마한테 그런 이야기한 적 있어? 그런 얘기 안 했으면
좋겠다고?

내69: 네. (울음)

상70: 그럼. 엄마는 뭐래?

내70: 엄마요? 그럼 니가 잘하면 되지.

상71: 음…… 엄마라는 존재는 ○○이한테 중요한 사람이니까 ○○이
가 (하찮다고) 느낄 수 있는데……. 엄마, 아빠, 동생이 ○○이한
테 못한 사람이라고 말하면 실제로 못해져? 성적 말고 직업 말고
○○이가 못한 것이 뭐야?

내71: 키!

상72: 키? 키야 다양성이지.

내72: 너무 작잖아요.

상73: 넌 작아서 귀여운데 왜. 가족이 소중한 사람이고 영향을 크게 미
치는 사람이지만, 그들이 너한테 하찮다고 말한다고 해서 네가
하찮은 인간이 아니라는 거야.

내73: 근데……. 7, 8년을 그러고 살아서 이제는 반박할 힘도 안 생겨
요. 엄마가 저한테 말해요. 똑같은 돈 썼는데 앤(언니) 이러고,

넌(내담자) 이러냐.

상74: ○○이는 그런 말할 때 어떤 마음이 들어?

내74: 처음 들었을 때는 막 대들었는데. 이제는 그냥……. 내가 멍청하구나 그런 생각 들어요.

상75: 니가 멍청하다고? 그거야 말로 비합리적인 신념인 것 같은데. ○○아, 네가 멍청하다는 생각이 학교생활에 적응하고 환자를 간호하는 데 있어 어떤 도움이 될까?

내75: 도움 전혀 안 되죠.

상76: 그지. 전혀 도움 안 되지! 잘 알고 있네. 네가 환자들한테 선뜻 말을 걸지 못하는 이유도 거기 있는 것 같아.

내76: 시뮬레이션 실습할 때도 그랬어요. 아무한테도 말 못 했는데……. 선뜻 나서서 못 하겠더라고요. 뭔가 해야 하는데 카메라도 찍고 있고 잘 못 할 것 같기도 하고. …(중략)… 잘 못 하면 지적당할 것 같고……. 임상에서도 잘 못 하면 혼났으니까…….

상77: 그런데 선생님이 일 년 동안 기본간호학 지도하면서 ○○이가 처음에는 어려워하는 것처럼 보였어도, 중간고사 이후에는 남들보다 처지는 모습 없었는데?

내77: 학교 내에서 하는 실습은 열심히 공부하고 연습하고 잘 들으면 남들만큼은 하잖아요…….

상78: 꼭 그런 건 아니야. …(중략)… 네가 뛰어나게 잘한다고 생각한 적도 없지만, 네가 남들보다 정말 못한다고 생각한 적은 없어. 꼭 성적을 내야 하니까 점수는 못 받았을 수도 있어. 0.01차이 이 정도밖에 안 나기도 하고. 그런데 객관적으로 봐서 네가 뒤처지지도 않았어. 스스로한테 자신감을 가져도 좋을 것 같아. 전혀 못난 인간이라는 증거가 없는 것 같은데?

내78: 그런데……. 콘퍼런스 해도 전혀 답을 못하겠어요. 아는 것도 "이 거예요."라고 말 못 하고 사실 모르는 것도 많아요. 모르니까 대 답 못하죠..점점 모르는 게 많아져요.

상79: 그건 네가 공부해서 극복을 해야지.

내79: 근데 공부하기가 싫어요.

상80: 그래 바로 그거야. 네가 왜 공부하기가 싫은 거 같니?

내80: …….몰라요.

상81: 알고 있잖아. 말해 봐.

내81: 양도 많고 해도 재미도 없고……. 하기도 싫어요…….

상82: 그러니까 왜 그럴까? 네가 공부해도 잘 못 할 것 같고 결과가 안 나올 것 같아서 그런 건 아니야? 아니면 아니라고 해도 돼.

내82: (어렵게 고개를 끄덕인다) 어떻게 해야 돼요?

상83: 우선 해도 안 된다는 생각이 도움이 될까? '오늘 잘할 수 있어.' 이 렇게 마음먹은 것과 '해도 안 돼.' 이런 마음 중에 어떤 게 도움이 되겠니?

내83: 그런데 모든 과목이 그런 건 아니에요. 재미있고 좋은 과목도 흥 미도 생기는 과목도 있어요. 적어도 매 학기 한 개씩은 있어요.

상84: 그럼. 네 마음을 생각해 봐. 그런 과목들은 자신감이 있지 않아? 네가 재미있어 하는 과목하고 그렇지 않은 과목을 공부할 때 마 음가짐을 생각해 봐. 공부하는 형태도 생각해 보고. 확연히 다르 지 않아?

내84: 그렇죠. 다르죠. 공부하는 형태는 똑같아도 마음이 달라요. 근데 꼭 성적이 잘 나오는 건 아니에요.

상85: 성적을 떠나서 공부하는 마음 말이야.

내85: 그런 과목들은 성적을 잘 안 받아도 나는 열심히 했다. 그런 생각 들어요. 시험이 잘 나오든 못 나오든…….

상86: 그래. 네 스스로 답을 알고 있네! 네가 할 수 있는 만큼 흥미있어 하고 재미있어 하는 과목은 만족했다는 거잖아. 특히 아동간호학 은 굉장히 어려운 학문인데 그것을 재미있게 했다는 것은 대단한 거야.

내86: 그런데 교수님이랑 콘퍼런스 할 때는 대답을 못하겠어요. 교수님 은 너무 잘 아시고…….

상87: 교수님이랑 너랑 비교할 수는 없지. 그럼 콘퍼런스 하기 전에 준 비를 더 잘해 가면 좋겠는데?

내87: 교수님이랑 비교할 수 없죠.

상88: 그런데 설령. 네가 콘퍼런스 때 대답을 못한다 한들, 그러면 뭐가 어떻게 되니?

내88: 비교되잖아요.

상89: 누가?

내89: 제 스스로가 다른 애들이랑…….

상90: 그러니까 네 스스로 비교하고 있네. 교수님이 직접적으로 비교하 신 적 있어?

내90: 그런 적은 없죠. 그 대신 얘는 참 잘하네. 이렇게 말하시니까.

상91: 그건 그 학생이 잘하니까 칭찬한 거지. 네 스스로가 계속 남과 비 교를 하고 있는 거야.

내91: 어떻게 남과 비교를 안 해요? 학기 시작하면……. 남들은 이만큼 하네…….

상92: 남과 비교를 해서 네가 얻어지는 건 뭐니?

내92: 얻어지는 건 없어요. 속상함, 불안함, …… 좌절감?

상93: 초조함. 그럼 네가 스스로 목표한 바를 잡아 두고 공부하면 얻어지는 것은 뭘까?

내93: 목표를 잡으라구요?

상94: 목표를 잡고 남들과 비교하는 게 아니라, 아까 네가 좋아한 과목을 공부할 때처럼. 좋아서 공부하면 성적이 썩 잘 나오지 않아도 만족스럽다고 했잖아.

내94: 그 당시에는요. 근데 성적이 잘 나오지 않으면, 또……. 자신감이 떨어지죠.

상95: 그런데 성적이 네 모든 것을 표현해 주는 것은 아니잖아. '신○○=성적'은 아니잖아?

내95: 원래 그래야 하는데……. 너무 많이…….

상96: 그럼 네 말대로 하면, F가 수두룩한 애들은 정말 살 가치가 없네?

내96: 다 마음먹기 달린 것 같긴 한데……. 근데 그게 안 돼요.(울면서) 계속 이렇게 커 와서 한순간에 막 마음이 바뀌고 고쳐지지 않아요.

상97: 그럼. 한순간에 고칠 수 있는 게 아니야. 계속 스스로 다독이면서 네가 생각하는 성적이 좋지 않으면 보잘 것 없다는 생각이 비합리적이라는 걸 깨닫고. 네가 공부하고 환자 간호하는데 전혀 도움이 안 되잖아. 네가 아까 좋아하는 공부하면서 만족했던 경험처럼.

내97: 그게 만족을 한 건지…….

상98: 네가 스스로한테 만족하는 감정, 긍정적인 감정에 익숙하지 않은

가 봐. 너는 머리가 나쁜 것도 아니고 생각하는 것만큼 못하지도 않고. 그리고 남하고 비교하는 그런 생각이 정말 쓸모없어. 요즘 구십 살, 백 살까지 사는데, 구십 살 먹어서 어, 저 할머니는 이빨이 남아 있는데 나는 이빨이 하나도 없네. 이렇게 비교하고 있을래? 얼마나 괴롭겠어. 그때도 그러고 있으면, 지금 한 살이라도 어릴 때 생각을 바꿔야지. 남이 어떻게 하느냐는 중요할 수도 있어. 그런데, 그 시간을 너한테 관심을 돌려 봐.

내98: 그런데 집에 있으면 그게 잘 돼요.

상99: 그렇게 생각해야지. 네가 가족들이 나에게 그런 말을 한다고 내 가치 떨어지지 않는 다는 것을 기억해야 해.

내99: 집에서 엄마 아빠가 다른 사람과 통화할 때도 내 얘기는 전혀 안 해요. 언니 얘기만 해요.

상100: 속상하구나. 그런데 꼭 다른 사람한테 이야기를 해야 괜찮은 사람이야? 부모님이 너는 소중하게 안 여기는 것도 아닐 것이고…… 다른 사람한테 니 애기를 해 줬으면 좋겠어?

내100: 꼭 그걸 바라는 것은 아니고…… 그런 일들이 몇 개가 있어요.

상101: 엄마 아빠가 잘못 생각하시는 거지. 엄마 아빠의 성공의 기준은 돈, 직업 이런 것인가 보다. 그런데 엄마 아빠 기준에 너를 맞출 필요는 없지. …(중략)… 오늘은 마무리를 해 보면, 오늘 이야기한 것으로 ○○이가 많이 바뀌는 건 아니라고 생각해. 근데 네가 객관적으로 못난 인간이 아닌데 네가 스스로 다른 사람이랑 비교하는 게 많은 것 같아. 개개인 빛나는 가치가 있는데. 나 따라 해볼래?

"남과 비교하는 게 내 인생에 도움이 될까? 비교하지 않아도 그 자체로 훌륭한 사람이다. 신○○ 그 자체로 훌륭한 사람이다."

내101: "비교하지 않아도 그 자체로 훌륭한 사람이다. (쑥스러워하면서) 신○○ 그 자체로 훌륭한 사람이다."

상102: 앞으로 자기 전에 10번씩 외치고 자. 할래 안 할래?

내102: 네?

상103: 앞으로 자기 전에 꼭 10번씩 하고 자. 앞으로 숙제 검사할 거야. 말에 힘이라는 것이 있어. 네가 집에서 계속 안 좋은 소리를 들어서 생각이 안 바뀐다며. 그것처럼 이 말을 계속해 보자.

내103: 네. 할게요.

-마침-

추수상담 멘트: 개학과 동시에 일주일에 한 번씩 자기 전에 문구를 외치고 자는 숙제검사를 하고 20분 정도 면담을 하고 있음. 중간고사를 거치며 성적이 많이 올랐고 눈에 띄게 공부하는 모습을 보임. 표정도 많이 밝아진 상태임.

3. 사례 논평

간호학과 2학년에 재학 중인 내담자는 공부하기 싫고 매사에 자신이 없다고 호소한다. 내담자의 문제의 뿌리는 가정 내의 자매간 비교에 그 뿌리가 있는 듯이 보인다. 내담자는 집에서 언니와 비교하고 자신도 남과 자신을 비교하여 늘 괴로워하고 있다. 한번은 병원에 실습을 나갔는데, 약사였던 환자가 그렇게 해서 언제 간호사 될 것이냐, 간호사가 좋은 직업인 줄 아느냐, 백의의 천사는 옛말이니 곰곰이 생각해 보고 젊었을 때 직업을 바꾸라고 했다. 이 말은 자신의 전공에 대한 확신이 생기지 않는 계기가 되었다. 자신이 전공에 대한 확신이 없는 것은 낮은 성적에서 비롯되었고 낮은 성적은 언니와의 비교로 더욱 공고화되는 듯이 보인다. 엄마는 대학생인 딸의 성적표까지 검사하는, 내담자의 표현대로 무서운 어머니이고, 의대에 다녔고 지금은 유명 종합병원의 의사로 근무하는 언니와 늘 비교해서 자신을 조금 떨어지는 애라고 여겼다고 한다. 언니와 비교당한 역사는 초등학교 시절로 거슬러 올라가는데 너무 오랫동안 비교를 당해서인지 어렸을 때는 비교하는 어머니의 태도에 대들었는데 지금은 자신이 정말 멍청하다는 생각이 든다고 한다. 상담자는 바로 이 생각 "언니와 비교하면 나는 형편없는 멍청이다."라는 생각이 내담자에게 무슨 도움이 되냐고 논박을 하자 내담자는 전혀 도움이 되지 않는다고 답을 하고 있다. 그리고 상담자는 내담자가 환자들에게 선뜻 말을 걸지 못하는 이유도 내담자의 바로 이런 생각 때문임을 일깨우고 있다. 그러면서 상담자는 계속해서 내담자가 콘퍼런스에서도 선뜻 답을 제대로 하지 못하는 이유는 다른 학생들과 끊임없이 비교하면서 자신의 부족함을 비교하는 것임을 찾아내고 있다. 상담자는 비교의 비실용성에 대해서 논박하자 내담자는 자신은 그런 식으로 커 왔기 때문에 한순간에 마음이 바뀌고 고쳐지지 않는다고 하소연하고 있다. 이에 대해 상담자는 자신의 그러한 생각이 비합리적이라는 것을 깨닫고 도움이 안 된다는 것을 스스로가 보도록 격려하고 있다. 상담자는 내담자의 부모가 성공의 기준에 대한 지닌 신념, 그리고 그것을 인간에게 적용하여 비교하는 것이 인생에 어떻게 도움이 될 것인가를 질문하면서 내담자가 스스로 '남과 비교하지 않고 내 자체로 훌륭하고 가치 있는 사람이다.'라는 생각을 하도록 하고 있다. 상담자는 또한 자기 전에 10번씩 이 생각을 외치라고 하면서 이 생각이 내담자의 생각으로 머릿속 깊이 스미도록 요구하고 있다.

추수 지도에서는 개학 후 중간고사를 거치면서 성적이 많이 올랐고 눈에 띄게 공부하는 모습을 보이고 표정도 밝아졌다고 보고하고 있다. 내담자는 이 상담자와 상담을 받기 전까지는 어쩌면 가정에서 우수한 언니에게 짓눌리고 학교에서는 자기보다 더 성적이 우수한 학생들에게 짓눌리면서 열등감을 느끼는 것이 익숙한 정서였을 것이다. 그리고 비교하는 것이 자신의 성장에 도움이 되지 않는다는 것을 알지 못했을 것이다. 그런데 상담자의 직면을 통해 비교하는 것은 스스로를 황폐화한다는 것을 알게 되고, 자기 자신을 있는 그대로 수용하는 것이 참삶의 방법이라는 것을 터득했으리라 보인다.

Part 4

성인 상담사례

Single session REBT for Beginner

12
털끝만큼도 흠을
잡히고 싶지 않아요

1. 기본 정보

1) 내담자 인적 사항

- 25세, 간호사, 여자
- 입사 6개월 만에 퇴직한 간호사
- 상담자의 지도학생으로 취업 6개월 만에 퇴직하고 인사하러 왔다.
- 퇴직 전 병원 수술실에서 근무하였다.

2) 가족관계

- 아버지 사업, 어머니 현직 간호사, 언니 응급구조사, 동생 고교 재학 중이다.
- 어머니의 영향을 많이 받아 간호사에 대한 이미지가 좋다.
- 아버지의 적극적인 권유로 간호사가 되었다. 언니도 간호학을 지원했으나 여의치 않아 진로를 변경 하였다.

3) 호소문제

"털끝만큼도 흠을 안 잡히고 싶어요."

4) 상담동기

자신의 괴롭히는 선배간호사로 인해 병원 생활을 할 수 없었다.

2. 상담자료

1) 내담자의 특성

외모가 예쁘고, 성격도 활발하다. 학교 재학시절 과대표 활동을
할 만큼 활동적이고 적극적이고 활달한 성격이다. 학교 재학시절
친구들과 교수들로부터 좋은 평가를 받는 학생이었다.

3. 상담과정(축어록)

(상: 상담자, 내: 내담자)

상1: 그래, 이야기 들었다.

내1: 예? 그만둔 거요?

상2: 뭐 때문에 그만둔 거야?

내2: 저는 그때 그만두는 게……. 집에 그냥 아빠가 사업하시는데 일을
　　도와줄 생각 없냐고 물어보길래……. 아빠가 니가 선택을 해라 그
　　러기에……. 마침 그때 한창 시달리고 있었죠. 일을…….

상3: 그때 병원 일이 힘드니까 그랬겠지. 당연히 병원 일이 행복하고 재미있고 즐거웠으면 안 그만뒀겠지. 전공을 버리고 다른 일을 한다고 그러지는 않았겠지. 내가 궁금한 거는 그때 너가 힘들었던 거. 우리가 다른 말로 스트레스라고 하잖아. 직무 스트레스라고 하고……. 그 스트레스 지수가 높으니까 이직을 하고 싶은 마음이 생겼을 거고, 너는 지금 이직 의도를 가지고 있는 것이 아니라 실제로 이직으로 연결되어 버린 경우인 거고. 그때 너를 정말 힘들게 했던 게 뭐야?

내3: 음……. 일단은 그거죠. 이제, 저를 별로 안 좋아 한다고 생각하는 선생님이 한 분이 계셨는데, 거기에서 오는 스트레스가 컸던 거죠.

상4: 너가 그 사람이 너를 안 좋아한다고 생각을 한 거야? 이게 생각이야? 아님 구체적으로 어떤 행위가 있었던 거야? 그냥 너가 느낌만으로 그 사람이 너를 안 좋아한다고 생각하는 거는 아닐 거 아냐? 어떤 구체적인 행동이 있을 거 아냐? 그걸 이야기해 줄 수 있겠어?

내4: 예를 들면, 같은 동기가 있는데 똑같은 잘못을 해도, 저한테만 더 심하게 혼내고 막 그런 식으로 야단을 치는 거예요. 차이를 두는 거죠. 혼내고, 더 심하게. 그게 눈에 보이면 보일수록 저는 더 힘들어지는 거죠. 똑같은 잘못을 해도…….

상5: 그렇겠지. 좋게 이야기를 할 수도 있는 건데, 너를 차별을 하는 거라고 느끼는 거지.

내5: 예예, 그거 맞아요. 차별을 하는 거죠.

상6: 구체적으로 그 사람이 어떤 걸 가지고 뭐라 하대? 구체적인 행위 같은 거.

내6: 저는 수술실이니까 수술이 없거나 하면 기구 정리하고 세트 만들고 그런 거 하는데, 그런 업무가 다 끝나고 나면 할 일이 없다고 하는 건 좀 그런데……. 어쨌든 여유가 생기는 경우가 있는데 그 때 다른 남자선생님들이 와서 말 시키면 이야기, 잡담처럼 이야기할 수가 있는데, 예를 들면 다른 자기가 예뻐 하는 A 동기한테는 "뭐 하냐? 일 안 하고. 어서 들어가서 일해라." 이렇게 이야기하고 저한테는 "너 지금 정신 있냐? 지금 너가 여기서 이렇게 노닥거릴 상황이냐? 그렇게 상황 판단이 안 되냐?" 이렇게 이야기를 하죠. 일단 목소리 톤부터 달라지는 거죠. 짜증이 확 섞이고, 애증이 느껴진다고 해야 하나…….

상7: 당연히 느끼겠지, 너가 그런 상황 파악이 안 되는 사람도 아니고.

내7: 저만 그렇게 느끼는 게 아니고 다른 사람들도 다 알아듣고, 동기들도 아는 거니까.

상8: 그럼, 그 사람한테 한번 물어보지 그랬냐? 나한테 왜 이러냐고?

내8: 근데, 그게……. 그거를 신규니까 물어볼 자신도 없고, 무섭고…….

상9: 그래도 그 한 사람이 너를 미워한다는 이유로 너가 일을 그만둬야 할 생각까지 했다면 한번 물어봤으면 어땠을까? 너의 일을 그만둔다는 건 너무 아깝잖아.

내9: 제가 제 일을 그만둔다는 게 아깝다고 느낀 건, 요 근래에 했는데요. 그때 당시에는 홀가분하다는 기분이 더 컸어요.

상10: 내가 너 아니면, 여기 아니면 일할 때가 없는 줄 아냐……. 그런 맘이 들었던 거야?

내10: 네네. 진짜.

상11: 근데 그 사람, 그 사람이 거기서 전권을 휘두르는 사람이야?

내11: 아니요.

상12: 그럼, 너를 좋아하는 사람이 더 많았을 거 아냐?

내12: 네.

상13: 내가 생각할 때는 거기서 그 사람 말고 다른 사람들, 선배들이나 동기들이나 너를 좋아하고 예뻐 하는 사람이 더 많았을 거 같은데?

내13: 네 그건 그렇죠. 근데 그 사람의 스트레스가 너무 컸어요. 그 사람 목소리만 들어도 너무 힘든 거예요.

상14: 그럼, 그 사람이 너한테 이상하게 구는 건 다른 사람들도 다 알았다면서?

내14: 예, 그래서 그 선생님이랑 같은 연차에 다른 선생님과 친해서 밥도 먹으러 다니고 하면서 제가 조심스럽게 물어봤어요. 근데 저를 미워하는 선생님이 그 연차들보다 나이가 많대요. 그리고 그 사람 좀 그렇대요. 약간 호불호가 갈리는 성격인데, 너랑 좀 안 맞는가 보다 그렇게 이야기하더라고요. 그러면서 그래도 어쩌겠어, 네가 신규인데 참아야지. 그런 식이었어요……

상15: 그래? 그래서 참기 싫었어?

내15: 쫌, 힘들었죠.

상16: 그 사람이랑 업무적으로 많이 부딪힐 수밖에 없어서?

내16: 수술실 상황이 한 팀이 되면 몇 개월을 버텨야 하니까. 첫 3개월은 정말 좋았어요. 분위기도 좋았고 선생님들도 모두 좋아서. 근데 다음에 옮긴 팀이 절 싫어하는 그 선생님이 있는 곳이었죠. 첨 1개월은 그냥 그랬는데, 그다음부터 그랬어요. 뭔지 모르겠는데, 그랬어요. 그 전에 제 동기가 그렇게 미움을 받고 있었는데, 그동기가 다른 방으로 가면서 그게 저한테 온 거 같아요. 제가 타깃이 된 거 같아요. 그 분이 성격이 쫌 그런 거 같아요. 한 사람을 잡아서 계속 괴롭히는 거 같아요.

상17: 그럼 그건 너의 문제가 아니고 그 사람이 문제가 있는 거잖아.

내17: 그렇죠, 그렇지만 해결한 방안이 없었죠. 저한테는.

상18: 왜, 모든 사람이 다 너를 좋아해야만 된다고 생각해?

내18: 물론, 그것도 있는데, 저도 저를 좋아하는 사람만 있어야 한다는 건 아닌데, 싫어할 수도 있는데……. 저도 제 성격에 문제인 거 같은데 저 사람이 나를 싫어한다고 생각이 들면…….

상19: 그럼, 너도 그 사람이랑 똑같은 사람이잖아.

내19: 그니까요. 제가 저를 싫어하는 사람이 있으면 그 사람을 신경 쓰게 되고, 눈치도 보게 되고, 나는 흠을 안 잡혀야 되는데, 잘해야 되는데……. 이런 생각을 하게 되는 거 같아요.

상20: 왜 흠을 안 잡혀야 돼?

내20: 그걸 가지고 뜯으니까요, 저를. 그 흠으로.

상21: 근데, 넌 왜 흠 안 잡히도록 완벽해야 해?

내21: 하하하…….

상22: 신규가 어떻게 완벽해?

내22: 아니 완벽까진 아니고, 정말 그 사람한테는 털 끝만큼도 흠을 안 잡히고 싶었어요.

상23: 너야 그러든 말든 나는 나의 길을 간다……. 그렇게 하면 안 돼?

내23: 첨에 그렇게도 해 봤는데……. 토할 거 같더라고요. 제가 삭이는 게 안 되나 봐요.

상24: 내가 말하는 건 삭이라는 게 아니고, 한 귀로 듣고 흘려 보지 그랬어? 너야 그러든 말든 나는 내 일만 바로 하면 된다. 나는 나의 길을 간다. 이런 거. 뭐라고 하면 아~ 네! 알겠습니다. 그렇게 하겠습니다. 말만 하고 마는 거지. 너는 그렇게 했다고 하지만 정말 그러지는 못한 거 같아. 그 사람과 똑같이 대처하고 있었던 건 아니야?

내24: 음…… 그냥, 근데 모르겠어요.

상25: 그니까. 너가 성격적으로 완벽해야 하고, 남한테 싫은 소리 들으면 안 되고…….

내25: 네네, 그런 거 있어요.

상26: 나의 생각과 다르거나, 나의 옳음을 또는 바름을 남들도 똑같이 생각해야 하고, 나의 틀에서 벗어나거나 다른 생각을 하면 못 견디고…….

내26: 네, 맞아요.

상27: 그게, 옳지 못하다는 거지. 물론 너가 정말 다른 일을 해 보고 싶고, 하고 싶어서 이직을 한 것이라면 모르지만, 아무리 아버지가 오너라고 해도 그곳에 가면 간호라는 일이 아닐 뿐 똑같은 사람들은 언제나 있기 마련인데, 그때는 또 어떻게 할 거야?

내27: 음…… 그때는 또 이런 방법을 하면 안 되겠죠. 또 이직을 하면 안 되니까 표현을 해야겠지요. 그때도 그만 두면서 그 선생님한테 왜 그랬냐고 물어보고 싶었는데, 그냥 좋게 마무리하자 싶어서 그냥 뒀어요.

상28: 왜 좋게 마무리를 해야 돼? 그게 조용하게 덮어 두는 거지, 좋은 마무리는 아닌 거 같은데? 해결을 하고 나온 건 아니지.

내28: 해결을 하고 나온 건 아니죠.

상29: 혹시 새로운 직장에서도 그런 일이 있지 말라는 법은 없는데 그
      때는 어떻게 할 거야?

내29: 그때는 지금처럼은 안 할 거 같아요.

상30: 그래 내 생각에는 너가 너의 생각과 틀에 너무 갇혀 있는 거 같
      아……. 사고를 유연하게 하면 좋겠어.

내30: 네… 저도 그러고 싶어요. 근데 잘 안 돼요.

상31: 그래, 맞아! 다른 사람들도 그래. 나도 그렇고……. 그렇지만 아
      닌 걸 안다는 건 중요하다고 생각해! 잘못된 걸 고칠 수 있는 가
      능성이 있으니까. 지금부터라도 노력해 보자. 매일 자신에게 주
      문을 걸어.

내32: 어떻게요?

상담자: 하루에 열 번씩, 그리고 내 맘에 안 들어서 속상할 때마다. "내
        맘에 안 든다고 틀린 건 아니야." 이렇게 자신에게 이야기하도록
        해 봐.

4. 사례 논평

본 사례는 지방에 있는 간호학과를 졸업한 25세의 젊은 여성이
본인의 이직 문제로 지도 교수와 상담한 사례이다. 내담자는 자신
에게 나쁘게 대하는 병원 의사의 차별을 견디지 못하고 퇴직을 하
게 되었다. 상담자는 내담자에게 정말로 그 의사가 내담자를 싫어
하는지 그 이유를 물어보지 못한 것을 지적하고 있다. 실제로 많은
내담자는 자신이 지닌 생각이 사실인지 아닌지를 확인해 보지도

않고 마치 그 생각이 사실인 것처럼 괴로워한다. 본 사례에서도 내담자가 자기를 미워하는 사람을 향해 정말 어떻게 생각하는지 확실히 물어보았으면 좋았을 뻔했다. 혹시라도 미워하지 않았는데 오해를 했으면 풀면 되었고 정말 미워한 것이 사실이라면 이번 기회에 자신의 면면을 들여다보면서 반성할 것은 반성하고 고칠 것은 고치면 되었을 것이다. 만약에 경우 병원의 의사가 지적하는 것이 자기가 고칠 수 없는 것이라면 그것은 어쩔 수 없는 것으로 받아들여서 '상사가 나의 행동을 이해해 주면 좋지만 그렇지 않아도 어쩔 수 없다.'라는 생각을 하도록 하고 그런 불편한 상황을 견딜 수 있는 심리적 힘을 갖게 하는 것이 무엇보다도 중요하다.

본 상황은 한 회기의 상담이 진행되었다기보다 5~10 정도 이루어진 짤막한 대화로 보인다. 비록 10여 분간의 짧은 대화였지만 내담자가 자기를 싫어하는 사람이 직장 내부에 있어도 함부로 이직하는 것은 자신의 경력 개발에 좋지 않다는 신념을 상담자가 다루었으면 좋았을 뻔했다. 어느 직종보다도 간호전문직은 병원 내 시스템의 문제, 환자·보호자와의 갈등 그리고 병원 내의 여러 가지 관계의 어려움에서 오는 직무 스트레스가 높은 직업이다. 이 직무 스트레스는 이직으로 이어지기 때문에 간호 생산성 향상에 방해가 된다. 그러므로 간호사들이 병원 세팅에서 일어날 수 있는 다양한 어려움을 찾아보고 그 상황에서 생길 수 있는 비합리적 신념을 미리 알아서 논박하는 과정 등이 간호교육에 도입될 필요가 있어 보인다.

13

조카가 나에게
말을 안 해요

1. 기본 정보

1) 내담자 인적 사항
조카와의 관계에서 갈등이 있는 30대 후반 여자

2) 호소 문제
"조카가 나에게 말을 안 해요."

3) 상담 경위
아동 고모가 아동의 일과 관련하여 문의사항이 있어 센터에 방문하였다가 아동이 센터에서 잘 적응하고 있는지 궁금하여 상담을 시작하였다.

2. 임장 자료

1) 내담자의 특성

내담자는 활동적인 성격이며 일을 성취하고자 하는 마음이 있어 지역사회 봉사활동에 관심을 갖고 참여를 하고 있다. 센터에 행사가 있을 때 방문하여 일을 돕기도 한다.

가족관계는 아버지, 오빠, 언니로 1남 2녀 중 막내이다. 모두가 가까이서 살고 있다. 현재 아버지는 집에서 손자를 키우고 있으며, 오빠는 지방에서 일용직 일을 하고 있다. 내담자는 기혼으로 초등학교 1학년 자녀 1명을 키우고 있으며 주부이다. 작년에 조카를 돌보시던 어머니가 돌아가시고 오빠를 대신해 조카를 돌보고 있다.

2) 문제 형성사

내담자는 부모를 돌보는 일과 조카를 돌보는 일 모두 자신이 해야 할 일이라 생각하고 엄마처럼 돌봐 주고 있는 조카는 자신에게 고마움을 표현할 줄 모르고, 이야기도 하지 않는 등 내담자를 멀리하여 속상해 하고 있다. 조카가 자신에게 딸처럼 고마움과 다정함을 표현해 주길 바란다. 딸로서의 역할과 고모로서의 역할 모두를 잘 해야 한다고 생각하며 스트레스를 받고 있다.

3) 치료적 관계의 구축

2012년 아동이 센터를 이용하면서 안정적으로 생활을 하고 있어 평소 기관에 대해 고마움을 표현하며, 기관에 소속된 상담자에 대해 신뢰를 가지고 상담에 임하였다.

3. 상담 과정(축어록)

(상: 상담자, 내: 내담자)

상1: 고모님, 안녕하세요.

내1: 네, 선생님. 잘 지내시죠?

상2: 네. 고모님께서 센터 일에 늘 관심을 갖고 행사기 있을 때마다 한 걸음에 달려와서 도와주시니 늘 감사드려요.

내2: 아니에요, 당연히 그래야죠. 언제든 제가 필요할 때 연락해 주세요. 선생님, 우리 영희는 센터에서 어떻게 지내나요? 잘 지내나요?

상3: 네, 그럼요. 친구관계도 매우 좋아서 언니, 동생들과 잘 지내고 있어요. 특히 야간 보호시간에 오빠들, 언니들과 재미있는 게임도 하며 잘 지내고 있습니다. 아시겠지만 학습능력도 매우 향상되어서 자신감도 갖게 되었구요. 영희가 혹시 센터에서 생활하면서 어려운 점이나 힘든 점을 말하는 것이 있나요?

내3: 아니요. 집에서는 전혀 그런 얘기를 안 해요. 다른 여자아이들처럼 만나면 뭐가 좋고 힘든지 이야기를 해 주면 좋겠는데, 집에만 오면 입을 닫고 이야기를 안 해요. 학교에서나 밖에서는 선생님한테 붙임성도 좋고 사교성도 좋다고 그렇게 칭찬받게 행동하는데 저한테는 말 한마디를 안 해요. 그리고 여섯 살 때 엄마가 병으로 죽고 작년에는 자기를 키워 준 할머니가 죽었는데도 눈물 한 방울 안 흘리고 빈소에서 사촌들이랑 잘 놀았어요. 오히려 영희 동생이 울고 슬퍼했어요. 어떻게 그럴 수 있죠?

상4: 고모님은 영희가 다른 또래처럼 수다스럽게 이야기도 하고 밖에서 다른 사람들에게 하는 것처럼 얘기하길 바라시는데, 영희는 고모님과 이야기를 하지 않는 것이 문제군요.

내4: 네. 제가 영희한테 정말 잘하려고 노력하거든요. 엄마 아빠가 없어 기가 죽을까 봐 학교에 부모님이 참여해야 하는 행사가 있으면 가서 청소도 하고, 선생님도 뵙고 그러거든요. 제가 영희를 저희 집에 데리고 같이 살려고도 했어요. 잘 되지는 않았지만 지금도 영희가 "나 언제 고모집에서 사는 거야?"라고 물어보기도 해요. 제가 영희한테 엄마처럼 해 주려고 얼마나 노력하는데요. 그런데 영희는 저랑은 말을 안해요. 영희가 좋아할 만한 옷과 선물을 사줘도 새침하게 앉아 있기만 하고 맘에 든다든지, 고맙다든지 말을 한마디도 안 해요. 밖에서는 그렇게 붙임성도 좋고 말도 많다는데…….

그리고 영희가 누나니까 자기 동생도 챙기고, 철수도 챙기고 했으면 좋겠는데 할아버지가 그렇게 말해도 동생도 안 챙기고 함께 있으면 철수도 안 챙겨요.

상5: 영희가 고모님과 말을 하지 않아서 고모님은 영희에게 어떻게 대하게 되시나요?

내5: 영희가 저한테 새침하게 굴고 말을 안 하니까 영희보다는 영희 동생을 더 챙기게 되죠. 그 아이는 나를 잘 따라요. 나이가 어려서 아무래도 영희보다는 손이 많이 가기는 하지만요. 영희 동생에게 더 마음이 가는 건 사실이에요. 가끔은 영희가 미워요.

상6: 네. 고모님께서 엄마처럼 영희에게 대해 주는데 영희는 딸처럼 고모님께 다가오지 않는 것이 문제이고, 그렇게 되니 고모님은 영희가 가끔 밉기도 하고 영희보다 동생을 더 챙기게 되시네요. 그런데요 고모님, 영희가 초등학교 2학년인데 영희에 대한 기대가 좀 크신 것 같아요. 사실 초등학교 1학년에서 중학교 2학년까지 센터에 다른 아이들을 보아도 고맙고 감사한 것을 알고 표현하기에는 ……. 아직 그런 것을 배우는 중이니까요. 또 영희가 고모님 아이들 중에서는 첫째이지만, 나이로 보아서는 초등학교 2학년이라서 동생들까지 돌보기에는 많이 어린나이이구요. 고모님께서는 영희가 고모님의 뜻대로 따라 주어야 한다, 영희에게 잘해 주고 있으니 고마워해야 한다는 신념이 있으시네요. 고모님의 뜻대로 영희에게서 반응이 오면 좋지만 오지 않으면 앞으로 계속해서 갈등이 생길 수밖에 없을 것 같은데요……. 어떠세요?

내6: 네. 제가 영희한테 기대가 많고 제 뜻대로 해 주길 바라는 마음도 있는 것 같아요. 그래도 제가 힘드니까 저를 좀 도와줬으면 좋겠어요. 어머니가 있을 때 어머니가 영희를 봤었는데……. 영희 아빠는 일한다고 지방에 있고……. 집에는 돈 한 푼 안 줘요……. 집에 오면 아버지랑 싸우고 집안을 발칵 뒤집어 놓으니 아예 안 왔으면 좋겠어요. 그렇게 어머니 아버지가 오냐 오냐 키운 아들인데…. 아들이라고……. 결국은 ……. 아버지도 영희 때문에 항상 매여 있으니 지난주에는 아버지 노시다 오시라고 나들이 보내 드렸어요.

상7: 고모님, 좋은 고모로서, 딸로서 역할을 잘하려고 하시다 보니 많이 힘드신 것 같아요. 어머니도 올해 갑자기 돌아가시고 어머니가 하셨던 역할도 해야겠다는 마음이 있으신가요?

내7: 네…….

상8: 고모님이 그렇게 역할들을 해 오시는 게 마음이나 일의 결과는 어떻게 나타나나요?

내8: 종종 아프기도 하고, 마음이 힘들기도 하죠…….

상9: 고모님께서 고모로서, 딸로서, 역할을 해 오시면서 몸이 아프기도 하고 마음이 힘들기도 하시네요. 그러면 고모님 생각이 마음을 힘들게도 하고 몸이 아프게도 하거든요. 고모님께서 생각을 바꾸어 보시는 것은 어떨까요? 먼저 고모님께서 완벽하게 역할을 해야 한다는 생각이 있으신 것 같아요. 생각을 바꾸시면 마음도 몸도 바뀌거든요. '모든 역할을 완벽하게 하지 않아도 된다.' 이렇게요. 마음이 힘들어질 때마다 그렇게 되뇌실 수 있으시겠어요?

내9: 네…….

4. 사례 논평

본 사례는 초등학교 2학년 조카를 돌보는 내담자의 사례이다. 내담자는 조카를 자기 자식보다 더 잘 돌보고 있는데 조카의 고모에 대한 싸늘한 반응 때문에 몹시 힘들어하고 있다. 조카가 여섯 살 때 자신의 엄마가 병으로 죽고, 초등학교 1학년 때는 자기를 키워 준 할머니가 병으로 돌아가셨는데도 눈물 한 방울 흘리지 않고, 사촌들과 할머니 빈소에서 잘 놀았다. 내담자는 이런 조카를 이해하기 힘들어한다. 또한 내담자가 조카에게 엄마처럼 해 주려고 큰 노력을 하고 있음에도 불구하고 고모에게 좀처럼 고맙다는 표현을 하지 않는다. 내담자를 더욱 힘들게 하는 것은 고모에게 이런 특성을 보이는 조카가 밖에서 보이는 행동은 붙임성이 좋다는 것이다. 상담자는 이에 대해서 '고모가 조카를 잘 돌보고 있으니 조카는 반드시 고모의 뜻대로 잘 따라 주어야만 한다.'라는 비합리적 신념을 찾아서 논박하고 있다. 논박이 잘 되었다면 조카가 왜, 자기 엄마, 그리고 할머니가 돌아가셨을 때 슬피 우는 대신에 빈소에서 잘 놀았을지, 그리고 왜 밖에서는 붙임성 좋은 행동을 보이면서 집에서는 고모에게 그렇게 싸늘한 행동을 하는지에 대해서 이유가 드러날 수 있었을 텐데, 논박이 잘 안 되어 조카의 행동에 대한 단서를 찾을 수 없는 점이 아쉽다. 더욱이 상담자가 내담자의 표피적 수준의 비합리적 생각인 '조카는 반드시 고모의 뜻대로 잘 따라와 주어야만 한다.'라는 비합리적 생각을 잘 논박하면서 자연스럽게 드러나는 이면 깊숙한 곳에 자리 잡은 핵심 비합리적 생각을 논박해야 하는데, 이런 과정이 없이 바로 생각을 바꾸고 완벽하게 역할을 하려고 한다고 지적하는 것을 내담자는 받아들이기 어려웠을 것으로 보인다.

14
사람들이 나를 만만하게 보는 것은 화가 나서 참기 어려워요

1. 기본 정보

1) 내담자의 인적 사항
41세 여자 평교사

2) 호소문제
"사람들이 나를 만만하게 보는 것은 화가 나서 참기 어려워요."

2. 상담 과정(축어록)
(상: 상담자, 내: 내담자)

상1: 그동안 잘 지냈어?

내1: 샘도 잘 지냈어요? 며칠 전에 열받은 일이 있었어요.

상2: 어떤 일인지 물어봐도 될까요?

내2: 학부형인데요. 자기는 3주 동안 꾹 참았다가 너무 억울해서 선생님한테 전화하는 거라면서 통화를 했어요.

상3: 무슨 전화이었길래 그렇게 열받았는데?

내3: 네. 제가 쫌 화를 잘 내기는 하는데요… 학부형들끼리 아이들 일로 전화하고 사과하고 하면서 엄마가 속상했다고 하대요.

상4: 음(고개를 끄덕인다)

내4: B 엄마가 아이(초 2학년) 가방을 정리하다가 자기 애(A)가 쓴 "C랑 놀지 마라."는 쪽지가 있었대요. B 엄마가 C 엄마랑은 서로 아는 사이니까 전화를 했나 봐요. 그랬더니 C 엄마가 전화를 해서 "애가 쪽지를 그렇게 썼다고 하더라."그걸 확인하기 위해서 놀이터에 애를 불러내서 사실을 묻고 사과하라고 해서 내 아이(A)도 평소 행동도 튀고 별나니까 그런가 보다 하고 사과를 하고 했지만 진짜 우리애가 쪽지를 넣었는지 그것도 정확하지 않은 것 같고 자꾸 속이 상하더라는 거예요. 그래서 처음에는 네, 네 하고 받아 줬죠. 그런데 자꾸 들어 보니까 '이 엄마가 내게 왜 전화를 했나? 속상하면 자기가 그 엄마한테 따져야지 그 엄마는 좀 별나니까 찍 소리 못하면서 내가 만만하게 보이니까 이렇게 이야기하는 건가 보네.' 하는 생각이 드는 거예요.

상5: 샘으로서는 나름대로 이야기 받아주고 최선을 다하고 애썼네요. 그런데 샘을 만만하게 보나 하는 생각은 선생님 생각이잖아요? 상대방의 어떤 말로 그렇게 느껴졌어요?

내5: 나도 참고 전화를 받으면서 계속 받아 주었다고 했잖아요? 그런데 자꾸 통화가 길어지면서 드는 생각이요. 내가 만만하니까 그 엄마한테 속상한 거 이야기 못 하는 거를 나한테 푸는 거 아닌가? 내가 나이도 한참 많은데 친구도 아니고 풀 거면 그 엄마한테 해야 되는 거 아니에요? 내가 지 친구라도 되나? 안 그래요, 샘? 처음에 참다가 막 성이 나서 화를 내며 퍼부었죠.

상6: 음……. 그러네. 정작 따질 사람한테는 이야기 못 하고 샘이 이야기를 들어 주니까 '이 사람이 계속 이야기를 하네……' 싶은 마음도 들기도 했겠어요. 그러면 샘은 '만만하다'고 보인다고 싶을 때는 다른 경우에도 열을 받는가 봐? 만만하다는 거는 어떤 경우에 그렇게 느끼는지, 만만하게 보이는 게 샘한테 왜 그렇게 화가 날까?

내6: 만만하다는 거는요……. 나를 함부로 취급한다는 것. 나를 무시한다는 것이에요. 내가 친구도 아니고 만만하게 속상한 거 나한테 푸는 거잖아요.

상7: 아, 샘한테는 만만하다고 느끼는 것은 나를 함부로 대하고 나를 무시하는 것 같다라는 기분이 든다는 거지? 나는 무시당해서는 안 된다. 나는 무시당할 그런 존재가 아니다. 이런 뜻?

내7: 그렇죠. 내가 자기보다 나이도 한참 위이고 친구도 아니고 아이일로 속상했는데 그 엄마한테는 함부로 못하니까 나한테 그렇게 하는 거예요.

상8: 내가 무시당한다는 생각이 들 때 선생님은 화가 나고 열을 받는다는 거죠?

내8: 네, 맞아요 샘.

상9: 샘이 아까 눈치 백 단이라고 했잖아. 평소 샘이 눈치로 맞구나 하는 일들이 맞아떨어지는 게 백 퍼센트 맞았다는 말이네? (내담자는 곰곰이 생각하는 듯한 표정) 정말 확실한 걸까? 상대방에게 물어보고 확인하지 않는 이상은 내 눈치가 확실한 백 퍼센트라는 것은 어렵지 않을까?

내9: 그러네요. 백 퍼센트 맞다는 것보다 내가 눈치가 빠르니까 그럴 거라고 생각했네요.

상10: 눈치를 보며 판단하는 일이 맞을 수도 있지만 아닐 수도 있다는 거에 동의해요?

내10: 네. 제가 좀 소심해서요. 말에 상처를 잘 받아요.

상11: 샘의 마음이 여려서 상처를 많이 받는구나. 어떤 사람은 그게 별 것 아니게 받아들일 수도 있는데, 다른 사람은 가슴깊이 상처가 될 수도 있는 거고. 사람마다 다르니까……. 샘은 오늘 이야기하 다가 무시한다고 느껴질 때 화가 많이 난다는 것을 알게 되었다 그치?

내11: 그러네요. 샘, 내가 왜 화가 났는지……. 무시당하면 참을 수 없 는 것 같아요.

상12: 누구나 무시를 당하면 화가 나는 건 당연하다고 생각해. 그런데 샘이 무시당한다고 생각하는 게 정말 상대방이 그런 행동이나 말 을 해서인지, 아니면 샘이 그렇게 생각하는 건지는 따져 볼 필요 가 있지 않을까? 그리고 무시를 한다고 샘이 진짜 무시를 받는 건 가? 그 생각이 맞을 가능성도 있겠지만 틀릴 수도 있다는 것도. 맞아도 선생님이 받아들이는 정도가 다를 수 있겠지?

내12: 누가 나를 무시하면 내가 가만히 안 있지요. 무시당하는 것은 참 을 수 없어요.

상13: 그렇지. 무시당하면 엄청 화가 나지, 당연히. 근데 진짜 상대방이 무시를 했는지, 아니면 샘이 그렇게 생각을 했는지? 그걸 생각해 보자고.

내13: 그러네요……. 내 생각만 그럴 수도 있겠네요. 나는 그 생각이 맞다고 믿고 있었는데…….

상14: 자, 그러면 한번 더 생각해 보자. 샘이 어린이집에 샘 아이 일로 전화할 때 어떤 마음으로 전화를 드리나요? 샘은 어린이집 선생님이 만만하게 생각되어서 전화를 드리나요?

내14: 제가 아이가 어떻게 하는지 잘 모르니까 답답해서 알아보는 마음으로 하기도 하고, 부탁을 하려고 하지요. 샘이 만만하지는 않지요. 어렵죠.

상15: 그러면 그 엄마도 샘이 만만해서 그렇게 전화를 했던 것은 아닐 수도 있겠네?

내15: 그러네요.

상16: 그러면 눈치 백 단이 맞을 수도 있고 아닐 수도 있다는 건가?

내16: 맞아요. 내가 그렇게 생각하고 내가 화냈던 것 같아요.

상17: 지금 기분은 좀 어때요?

내17: 그 엄마한테 좀 미안하다는 생각이 드네요. 아, 미안하네요. 내게 의논한다고 그럴 수도 있는데……. 제가 화를 많이 내는 편이지만 내가 화를 내는 건 당연하다고 생각했지 화를 내는 내 모습을 생각해 본 적은 없었어요.

상18: 샘. 그 사람의 기분까지 읽은 것 같네. 아까는 내 생각 때문에 다른 사람 생각이나 감정은 볼 여유가 없었는데 지금은…….

내18: 그러네요. 샘.

상19: 보통은 우리가 내 생각에 생각의 꼬리에 꼬리를 물고 나중에는 엄청 커져서 내가 감당 못하는 크기만큼 커질 때도 있는 것 같아.

내19: 팍 폭발하죠. 막 화내고 분노하는 것처럼…….

상20: 그래. 탁구공만 하던 불안이나 화가 눈덩이처럼 커지고 감정홍수가 되면 그때는 아무 생각도 안 난다고 하잖아? 그게 사실보다는 추측일 가능성도 높다는 거지. 물론 사실일 때도 있지만. 아까 샘이 눈치 백 단이라고 했잖아. 그게 사실인 건가 아님 추측인가 확인이 필요한 것처럼 말이야.

내20: 내 생각……. 추측이죠. 내가 눈치 백 단이라 하지만 다 맞을 수 없지요.

상21: 우리 모두 화가 날 때가 당연히 있지. 근데 화를 내는 방법은 다른 것 같지 않아?

내21: 샘이야 인격이 잘 갖추어져 있으니까 안 그렇지만 저는 성질이 못돼서 잘 못 참아요.

상22: 나도 사람인데 화내지 당연히. 내가 공부하면서 내 감정과 생각을 표현하는 방법을 배웠지만 힘들고 꾸준한 연습이 필요한 거 같아. 성질이 못됐다기보다 우리가 표현하는 방법이 서툴러서 그런 거잖아? 나도 아직 연습 중인 사람이야.

내22: 네. 표현하는 연습이 우리가 필요한 것 같아요.

상23: 내가 배우고 있는 인지정서행동치료이론(REBT)에서는 감정이나 사람보다는 행동의 변화에 초점을 두거든. 감정은 좋고 나쁜 게 없지만 감정적 불편함으로 스트레스 받고 나와 다른 사람을 힘들게 하는 행동으로 나타날 때는 부적절한 정서와 부적응 행동이라 하더라고. 그리고 내 생각이 사실인지, 그리고 지금 내가 하는 일에 도움이 되는지 생각을 살펴서 점검해 보고 생각을 바꾸라고 하거든. 생각만 바꾸어도 감정이 달라지고 여유가 생겨 대처하는 행동이 달라지는데, 그때 감정과 행동을 적절한 정서와 행동이라고 해.

내23: 제가요. 혼자 생각을 많이 한 것 같아요. 내 생각이 맞다고 믿었
구요. 내가 눈치 백 단이니 내 생각이 맞다 하는 생각을 좀 바꿔
야겠네요.

상24: 그래요. 생각을 바꾸면 행동이 바뀌고.

내24: 행동이 바뀌면 습관이 바뀌고 인격, 운명이 바뀐다.

상25: 잘 아네? 이론은 아는데 실천이 참 어렵더라고. 내가 제안 하나
해도 될까? 화가 날 때마다 심호흡을 한 번 하고 '무슨 생각에 이
렇게 화가 나는 거지?' 하고 멈추어서 자신을 보는 연습을 하는
것이 마음을 편하게 하는 데 도움이 많이 되던데……. 어떻게 생
각해? 이걸 꾸준히 연습해야 익숙해진다고 해. 물론 나도 연습
중이야. '우리 모두는 공사 중!'이라고 하잖아?

내25: 괜찮은 방법인 것 같아요. 해 볼게요.

상26: 지금 같이 연습 한번 해 보고 갈까? 숨을 고르게 들이쉬고(5초)
고르게 내쉬고(5초) 천천히 고르게 들이쉬고……. 내쉬고…….
(3번 반복) 지금 기분은 좀 어때?

내26: 답답한 게 좀 풀린 것 같아요. 당장 내 생각 때문에 확 화내기보
다 좀 멈추는 게 제게 도움이 될 것 같아요. 앞으로 화가 날 때마
다 잠시 생각해 봐야겠어요. 샘, 감사해요.

3. 사례 논평

본 사례는 현재 상담공부를 하는 교사가 다른 동료 평교사를 상담해 준 사례이다. 내담자인 평교사는 평소에 자신은 눈치가 100단이므로 자기 생각은 항상 100% 옳다는 비합리적 신념을 지니고 있다. 상담자는 자기 생각이 항상 옳다는 것은 추측일 뿐 사실이 아니라는 것을 잘 지적하고 있다.

상담의 시작은 내담자가 다른 사람들이 자신을 만만하게 보는 것은 참을 수 없다는 호소에서 시작하고 있다. 내담자는 아이의 친구 엄마가 자기에게 전화해서 이런저런 하소연을 길게 늘어놓는 것은 자신이 만만하게 보이기 때문이라는 생각을 하고 있다. 그래서 상담자는 길게 이야기를 하는 것이 어떤 이유로 내담자를 만만하게 보는 것이냐고 물어본다. 내담자는 상대방이 다른 사람에게 속상한 것을 그 당사자에게는 말하지 못하고 자신에게 말하는 것이 바로 그 증거라고 대답하자 상담자는 그것이 사실이 아닐 수 있음을 지적하고 있다. 그리고 상대방이 만만하게 생각해서 전화한다고 해도 그것이 내담자를 무시하는 것인가에 대해서 따져 보고 있다. 나에게 전화를 해서 하소연하는 것은 나를 만만하게 보는 것이고 나를 만만하게 보는 것은 나를 무시하는 것이다. 이 연결고리가 논리의 근거가 없는 것임을 밝히고 있다.

인간은 평소에 자신이 형성한 여러 가지 생각들이 편견인가, 사실인가, 논리의 근거가 있는가에 대해서 일일이 따져 보지 못하고 자신이 지닌 신념대로 행동하는 경우가 많다. 본 사례의 내담자가 보이는 경우도 거기에 해당한다. 내담자는 자신이 눈치가 빠르므로 자신의 판단이 항상 옳다는 자세는 대인관계에서 어려움에 처할 수도 있다. 상담자의 안내에 따라 잘 따라오면서 향후 화가 날 때마다 그 이유에 대해서 잠시 생각해 보겠다는 다짐을 받아 낸 것은 내담자의 정서적 건강을 위해 매우 유익한 것으로 생각한다.

15

암에 걸린 것이
너무 수치스러워요

1. 기본 정보

1) 내담자 인적 사항
45세 여자 외래 상담사

2) 가족관계
남편과 1남1녀를 둔 주부

3) 호소 문제
"암에 걸린 것이 너무 수치스러워요."

4) 상담 경위
내담자는 9월 초 유방암 진단을 받고 심리적 · 정서적 어려움을
경험하고 있다.

내방하기 전 상담자에게 전화를 했는데 목소리가 많이 떨렸고,

절망 상태임을 느낄 수 있었다. 언제 한번 만나 이야기하고 싶다고 하여 날짜를 잡고 상담을 하였다.

2. 상담자료

1) 내담자의 특성

내담자는 157cm 정도의 보통 키에 약간 통통한 체격을 가지고 있다. 평소 밝은 성격으로 사람들과의 관계가 좋고 리더십도 있으며 상담사로서 성실히 활동하고 있다. 남에 대한 배려심이 많아 사람들을 편안하게 해 주지만 다른 사람들의 말에 상처를 잘 입는 성향이다.

2) 문제 형성사

내담자는 9월 초 유방암 진단을 받고 매우 놀라고 혼란스러운 상태이다. 갑작스런 질병으로 자신은 물론 가족들도 걱정과 불안으로 힘들어하고 있다.

11월 초 수술을 앞두고 있으며, 암의 진행 상태는 2기이지만 암 제거 수술과 유방 성형 수술을 동시에 해야 하는 상태이다.

다행히 초기라는 진단을 받았으나 내담자는 의사 선생님의 진단과는 달리 암이 다른 곳에 더 진행되어 있는 것은 아닌가 불안해하고 있으며 자신의 병 상태를 점점 더 확대 해석하는 비합리적 신념으로 불안과 혼란스러움이 가중되고 있다.

더구나 여성으로서의 수치감, 신앙인으로서의 죄책감 등 비합리적이고 부적절한 정서가 내담자를 괴롭게 하며 이것은 수술을 앞둔 내담자에게 심리적·신체적으로 큰 부담이 되어 부정적인 영향을 미치고 있다.

내담자는 현재 무엇보다 신체적·심리적 안정감이 필요하고 가족이나 주위 사람들의 지지와 격려가 필요한 상태이다.

3. 상담과정에 대한 평가

상담자는 내담자의 심리적·정서적 어려움을 공감하고 지지하는 자세를 취하며, 동시에 비합리적 사고로 절망감과 불안, 수치심 등을 느끼며 힘들어하는 내담자에게 REBT 이론을 적용하여 합리적인 사고를 확장할 수 있도록 도움을 주는 상담을 진행하였다. 즉, 정서적·행동적 결과는 자신의 신념이 원인임을 내담자가 수용할 수 있도록 하며 당위적이라고 여기는 비합리적 사고에 대하여 현실성, 실용성, 융통성, 논리성의 근거로 논박하고 합리적 정서적 심상법이나 self-talk 등 행동적 기법을 활용하여 내담자가 최종적으로 합리적 사고를 선택할 수 있도록 돕고자 하였다.

4. 상담 과정(축어록)

(상: 상담자, 내: 내담자)

상1: 이 선생님, 오랜만에 만나니 정말 반가워요.

내1: 네. 저도 선생님이 뵙고 싶었어요.

상2: 저도 그랬어요. 이 선생님하고 통화하고 나서 하루라도 빨리 만나고 싶었어요.

내2: 그동안 전화도 자주 못 드리고……. 죄송해요.

상3: 아니에요. 사실 지난번 통화하고 걱정이 많이 되긴 했는데…….
이선생님께서 다시 연락하신다고 해서 기다리고 있었어요.

내3: ….

상4: 수술 날짜는 정해졌나요?

내4: 네. 다음 달 초에 하기로 했어요.

상5: 걱정이 많으시겠네요?

내5: (한숨을 내쉬며) 그렇죠……. 너무 걱정이 되네요. 사실 너무 무섭고 겁이 나요.

상6: 정말 힘드실 것 같네요.

내6: 수술 생각만 하면 정말 끔찍하고 미쳐 버릴 것만 같아요. 내가 무슨 죄를 지었길래 이렇게 큰 일을 겪나 화도 나고 원망스럽기도 하고…….

상7: 마음이 굉장히 혼란스러우신가 봐요.

내7: 네……. 아무리 마음을 진정시키려 해도 불쑥불쑥 치밀어 오르는 게……. 잘 안 되네요. 명색이 상담사인데…….

상8: 상담사도 사람인데……. 누구나 견디기 힘든 일이죠. 어떤 점이 가장 힘드시나요?

내8: 수술 걱정이죠. 생각보다 암 사이즈가 커서 큰 수술이라고 하네요. 무엇보다 암이 다른 부위로 전이됐을까 봐 그것도 무섭고……. 더구나 암 수술 후엔 성형수술도 해야 된다는데 그것도 굉장히 어려운 수술이라고 하더라구요.

상9: 그렇군요. 지난번 통화했을 때보다 수술이 더 복잡해진 듯하네요.

내9: 네. 그래서 너무 무서워요.

상10: 이 선생님께서 오늘 저와 걱정하는 많은 것들에 대해 말씀하시길 원하셨잖아요?

내10: 네.

상11: 그럼, 무슨 얘기부터 하고 싶으세요?

내11: 글쎄요……. 혼란스러운 감정이나 생각들…….

상12: 그건 생각이나 감정들이 좀 더 정돈되고 안정되고 싶다는 의미인가요?

내12: 그렇죠.

상13: 그럼, 우리가 선생님이 요즘 생각하시는 것에 대해 먼저 이야기해 보는 건 어떨까요?

내13: 네. 생각이 정리되면 감정도 안정될 수 있다는 말씀이시죠?

상14: (웃으며) 역시 상담사다우시네요.

내14: (웃으며) 그런가요?

상15: 요즘 수술에 대한 선생님의 생각들을 말씀해 주시겠어요?

내15: 한마디로 말하긴 어렵지만……. 과연 의사 선생님 말씀대로 수술이 잘될 수 있을까? 막상 수술하다 보니 다른 곳에 전이돼 있진

않을까? 암 제거 후 성형수술도 해야 하는데 가슴이 너무 흉측해
지는 건 아닐까? 전이가 되었으면 항암치료도 해야 하는 건 아닌
가? (한숨을 내쉰다.) 그리고 암에 걸린 것이 왜 이렇게 수치스러
운지……. 화도 나지만 죄책감도 들고…….

상16: 수치스럽고 죄책감이 든다는 건 어떤 의미인가요?

내16: 누가 물어보면 유방암이라고 얘기하는 게 너무 창피하고 상처가
되네요. 저도 전에는 아무렇지 않게 병명을 물어봤는데……. 그
것도 환자에겐 힘든 일이네요. 여자로서 치명적인 결함이랄까?

상17: 여성 정체성에 상처를 입으신 느낌이신가 봐요?

내17: 그렇죠.

상18: 죄책감에 대해서도 구체적으로 말씀해 보시겠어요?

내18: 모르겠어요. 남편이나 애들한테도 미안하고……. 제가 신앙인으
로서도 덕이 되지 못하는 것 같고…….

상19: 병에 걸린 것이 선생님께 뭔가 잘못이 있어서 그런 거라고 생각
하시는 것 같네요.

내19: 자꾸 그런 생각이 들어 위축이 돼요.

상20: 그렇지만 그건 자신에게 너무 가혹한 거 아닐까요? 병에 걸린 것
이 자신에 대한 형벌이라고 생각하는 건 어떤 근거가 있나요?

내20: …….

상21: 요즘은 암이 성인병 중에 하나로 굉장히 흔한 질병 중에 하나인
데, 질병이 어떤 행위에 대한 형벌이라는 증거는 과연 어디에서
찾을 수 있을까요? 그런 논리로 따지면 당뇨, 고혈압 등 많은 질
병이 형벌의 대가라는 말인가요?

내21: …….

상22: 이 선생님 주변에서도 암에 걸리신 분들이 많으실 텐데 선생님도 그것이 그 사람들의 잘못 때문이라고 생각하셨나요?

내22: 아뇨……. 그렇진 않았죠.

상23: 그래요. 저도 제 주위에서 그렇게 생각하는 사람을 본 적이 없어요. 그리고 신앙인으로서 죄책감을 갖는다는 것도 모순되는 부분이 많은 것 같아요.

내23: 그렇긴 하지만 잘 사는 모습을 보이는게 훨씬 보기 좋고 덕이 되죠.

상24: 물론, 건강하게 잘 먹고 잘사는 모습을 보이는 건 좋겠죠. 그러나 신앙인이 모두 병에 걸리지 말아야 한다는 것은 현실적으로 가능성이 얼마나 될까요? 그리고 비현실적인 모습을 보여주는 것이 신앙의 덕이 아니라 어려움을 극복하는 모습을 보여주는 것이 훌륭한 신앙의 덕이 아닐까요?

내24: (고개를 끄덕인다)

상25: 사실 성경 속에서도 많은 사람들이 어려움과 역경을 신앙으로 이겨 내는 것을 볼 수 있고, 예수님도 세상 사람들의 멸시와 핍박 속에 죽기까지 하셨잖아요? 선생님의 논리로 본다면 가장 수치스런 죄인 중에 죄인인 것이지요.

내25: 그렇네요. 잘 알고 있긴 한데….

상26: 잘 알고 계시는 부분인데도 걱정에 걱정이 꼬리를 물고 이어지다 보니 잘 알고 있던 사실도 혼란스럽게 되는가 봐요.

내26: 그래요.

상27: 그런데, 제가 선생님 말씀을 들어 보니 선생님께서 가장 중요한 생각 하나만 정리하시면 나머지는 순조롭게 정리될 것 같은데요?

내27: 그게 어떤 생각이죠?

상28: 선생님께서 지금 걱정하는 것들이 모두 수술이 성공해서 건강을 회복하면 해결되는 것들 아닌가요?

내28: 그렇긴 하죠.

상29: 그럼 막연하게 생각들을 부풀리지 말고 한번 정리해 볼 필요가 있을 것 같아요. 한번 함께 정리해 볼까요?

내29: 네.

상30: 의사 선생님께선 병에 대해 뭐라고 하시나요?

내30: 검사결과로는 2기 상태라고……. 그렇지만 사람들이 막상 수술할 때 다른 부위로 전이된 것이 발견되는 경우도 많다고 하더라구요.

상31: 그 점이 더욱 걱정되시는군요?

내31: 네.

상32: 의사 선생님 소견으로도 그럴 가능성이 많다고 하시나요?

내32: 그렇진 않아요. 그러니까 2기라고 진단하셨겠죠?

상33: 그렇군요. 물론 다른 사람들 말대로 어떤 가능성은 생길 수도 있겠죠. 하지만 현재까지는 의사 선생님 말씀대로 전이되었을 가능성은 아주 미미한 거네요.

내33: 네. 암 사이즈가 좀 크긴 해도 전이돼 있지는 않다고 하셨어요.

상34: 그럼, 선생님이 걱정하시는 것보다 수술이 성공할 확률이 꽤 높은 거네요?

내34: 암 제거 자체는 큰 문제없다고 하시니까…….

상35: 그래요. 전문적인 의사 선생님의 진단과 일반 사람들의 말 중 어느 것을 신뢰할 수 있을까요? 과연 신뢰하기 힘든 사람들 말 때문에 불안과 근심을 확대하는 건 선생님께 어떤 도움이 될까요?

내35: 도움이 될 건 없겠죠. 그래도 수술이 정말 잘 되길 바라서……. 혹시 실망할 일이 생길까봐…….

상36: 그래요. 전혀 도움이 되지 않아요. 만에 하나, 선생님이 불안해하는 일이 일어난다고 가정해 보기로 하죠. 지금 CT, MRI 검사에 전이 된 것으로 보이는 증거는 아무것도 없고 유방암에 최고 전문가인 의사 선생님께서도 그럴 가능성에 대해서는 말씀하지 않으셨는데, 실제로 전이가 되었더라도 아주 치명적인 상태일 가능성은 얼마일까요?

내36: 그 정도의 상태라면 어느 정도는 검사에서 확인됐겠죠?

상37: 그렇죠. 그 정도로 악화된 상태라면 많은 검사 중 어느 곳에서라도 인식되었을 거예요. 그러므로 수술 중 전이된 것이 발견되었더라도 그렇게 심한 상태는 아닐 거라는 거죠.

내37: (고개를 끄덕인다.)

상38: 만약 그 정도의 전이 상태라면 현재 의술로 치료가 불가능할까요?

내38: 불가능할 정도로 치명적이진 않겠죠.

상39: 그러면 그것은 어떤 의미일까요?

내39: 치료 가능하다는 얘기겠죠.

상40: 그래요, 만약 전이된 부위가 발견되더라도 그건 최악의 경우가 아니고 치료 가능하다는 의미인 거예요. 그건 다시 말해서 선생님이 충분히 통제 가능한 상태일 테니 앞서서 막막해하고 절망할 필요가 없다는 의미이죠.

내40: 제가 너무 앞서서 걱정하고 과장되게 불안해한 것 같네요.

상41: 그런 생각들이 선생님께 어떤 영향을 미치고 있을까요?

내41: 필요 이상의 절망감으로 괴로움을 준 것 같아요.

상42: 네. 그 생각들이 선생님의 병을 치료하는 데 과연 어떤 도움이 될
　　　까요?

내42: 전혀 도움이 되진 않죠.

상43: 그래요. 지금은 선생님께서 수술을 앞두고 몸과 마음을 잘 안정
　　　시키는 게 가장 중요할 것 같아요.

내43: 네.

상44: 제가 선생님께 심상법을 소개해도 좋을까요?

내44: 심상법이요? 심신 이완법 같은 건가요?

상45: 그럴 수도 있죠. 합리적 정서를 위한 훈련이니까.

내45: (웃음)

…(중략)…

상46: 지금은 간략하게 소개하는 것으로 하고 매일 10분 정도 집에서
　　　실시해 보세요.

내46: 네.

상47: 우선 준비단계인데요, 심신이완법처럼 눈을 감고 숨을 길게 들이
　　　쉬었다가 크게 내쉬는 거예요.

내47: (그대로 따라한다.)

상48: 선생님이 생각하시는 가장 최악의 상태를 상상해 보세요.

내48: 수술 후 의사 선생님이 다른 부위에서 암이 발견되었다고 하세요.

상49: 그때 선생님의 느낌은 어떠신가요?

내49: 세상이 무너지는 것 같고 막막해요.

상50: 선생님의 느낌을 부정적이긴 하지만 좀 더 건강한 정서로 바꾸어

보세요.

내50: 너무 실망스럽지만 치료법에 대해 알고 싶어요.

상51: 부정적이긴 하지만 좀 더 건강한 정서로 바꾸기 위해 어떤 노력을 하셨나요?

내51: 너무 절망스러웠지만 다른 사람들이 극복했듯이 나도 해낼 수 있다고 생각했어요.

상52: 계속해서 그 생각을 유지하도록 어떤 노력을 하실 수 있으세요?

내52: 병을 극복한 사람들에 대해 알아보고 희망을 잃지 않도록 해야겠어요.

상53: 선생님이 좋아하는 것과 싫어하는 것은 무엇인지요?

내53: 좋아하는 것은 남편과 산책하는 것이고, 싫어하는 것은 음식물 쓰레기 버리는 것이에요.

상54: 그럼 선생님께서 병을 극복한 사람들을 생각하며 선생님도 해낼 수 있다고 하루 10번씩 소리 내어 말씀해 보세요. 그리고 그것을 실천했으면 남편과 약속을 정해 산책을 하시고 지키지 못했으면 그날의 음식물 쓰레기는 직접 버리는 걸로 하세요.

내54: (웃음) 그럴게요.

상55: 오늘 많은 이야기를 나누었는데 어떠셨나요?

내55: 생각도 정리되고 마음이 편해진 느낌이네요.

상56: 그래요? 그렇다면 정말 다행이네요. 평소 선생님답게 씩씩하게 힘내시고 조만간 다시 만나기로 하죠.

내56: (웃으며) 네. 또 만나요 선생님.

상57: 다음엔 우리 동네로 오세요. 아주 맛있는 커피집이 새로 생겼으니까요.

내57: 네, 그렇게 할게요. 다음에 맛있는 커피 사 주세요.

5. 사례 논평

본 사례는 유방암에 걸린 것이 수치스럽고 자신에 대한 형벌이라고 생각하는 내담자를 단회상담하여 어느 정도 마음을 진정시킨 사례이다. 내담자는 자신이 평소에 개신교 신앙인으로 살아왔는데, 유방암이라는 병에 걸린 것은 형벌이며 신앙인으로서 덕이 되지 않는다고 항변하고 있다. 상담자는 병에 걸린 것이 형벌이라는 근거가 어디에 있냐고 물으면서 당뇨, 고혈압 등의 질병도 형벌의 대가라고 생각하느냐고 논박을 하자 내담자는 대답하지 못하고 있다.

이에 상담자는 신앙인으로서 건강하게 잘 사는 것은 좋은 일이나 신앙인이 모두 병에 걸리지 말아야 한다는 것이 현실적으로 가능한 것인가에 대해서 논박을 하면서 이렇게 비현실적인 모습을 보여 주는 것은 신앙의 덕이 아니라 어려움을 극복하는 모습을 보여 주는 것이 신앙의 덕임을 대안적인 행동으로 제시하고 있다. 내담자의 논리로 보면 가장 수치스러운 죄인 중의 죄인이 바로 예수라는 점을 상기시키면서 내담자의 논리, 즉 병에 걸리는 것이 수치스러운 것이고 형벌이라는 비합리적 생각을 논박하는 모습을 잘 보여 주고 있다.

또한 상담자는, 자신의 암이 아직 전이되지 않았다는 의사 선생님의 말씀에도 불구하고 보통 사람들이 막상 수술할 때 보면 다른 곳으로 전이될 수 있다는 말에 불안해하는 내담자를 직면하고 있다. 상담자는 내담자가 전문가의 말보다 신뢰하기 힘든 다른 사람의 말 때문에 근거 없이 불안해하는 것이 자신에게 도움이 되지 않음을 바로 보게 하고 있다. 내담자는 상담자의 이러한 지적에 대해서 자신이 너무 앞서서 과장되게 걱정하고 불안해하고 있음을 깨달았다고 보고하고 있다. 한 인간이 치명적인 질병에 걸릴 때 본 사례의 내담자가 보이는 사고의 특성을 자주 보이며 전문가인 의사의 말보다 이런저런 근거 없는 소리에 귀 기울이는 특성이 있다. 그렇지만 그 생각을 가만히 따져 보면 논리적이지 않고 현실적이지도 않으며 아울러 그러한 생각들이 질병의 극복에 전혀 도움이 되지 않는 경우가 많이 있다. 상담자는 편안하고 쉬운 언어, 그리고 예를 잘 활용하여 내담자가 자기 생각 즉 병에 걸리는 것이 수치스러운 것이 아니고 하느님이 내린 벌도 아니라는 것을 잘 깨닫도록 도와준 좋은 사례이다.

16
딸아이가 엄마에게
욕을 하다니요

1. 기본 정보

1) 내담자 인적 사항
고등학생 3학년인 큰딸을 둔 어머니

2) 호소 문제
"딸아이가 엄마에게 욕을 하다니요."
"내가 딸을 제대로 못 키웠나 봐요."

3) 상담 경위
내담자의 큰딸이 고등학생 3학년인데, 최근에 사귀던 남자친구에게 이별 통보를 받고 괴로워하면서 학교에 결석하고 있다. 또한 어머니에게도 욕하고 대들어 어떻게 아이를 다루어야 할지 몰라 방문하게 되었다.

2. 상담 과정(축어록)

(상: 상담자, 내: 내담자)

상1: 얼굴이 많이 상하셨네요. 힘드신 일이 있으세요?

내1: 아……. 고 3 딸아이가 학교를 가기싫다고 하며 결석하고 있어요.

상2: 수능으로 공부를 해야 할 때인데 어머니 마음이 복잡하시겠군요.

내2: 남자친구랑 헤어지면서 충격이 심했는지 아이가 너무 많이 달라
졌어요. 나쁜 친구랑 어울리면서 하지 않던 욕을 쓰고 심지어는
저한테도 욕을 하기도 해서 제가 충격받았어요. 펑펑 울기도 했
어요.

상3: 그런 일이 있었군요. 달라진 아이의 모습을 보면서 충격이 크셨겠
어요. 아이는 부모에게 함부로 말하면 안 된다, 예의 바르게 말해
야 한다라는 것은 평소에 갖고 계신 생각인가요?

내3: 저는 제 부모님께 그렇게 교육받았고 또 저는 부모님 말씀대로 순
종하면서 그렇게 커 왔어요. 그런데 큰딸은 안 그래요. 제가 잘못
키웠나 봐요.

상4: 나는 그렇게 커 왔는데, 내가 그렇게 했으니 자식도 당연히 그렇게
해야 된다고 생각하시는데, 그게 아니니 억울하기도 하고 감당하
시기가 더 힘드시겠네요. 그래서 제일 마음대로 안 되는 게 자식
농사라는 말도 있는가 봐요. 자식은 정말 내 뜻대로 안 되는 것 같
아요. 어머니께서 잘못 키워서 그렇다는 생각은 본인을 더 힘들게
하지 않을까요?

내4: 맞아요. 나는 부모님께 절대 순종하며 컸는데……. 자식도 똑같이

내 마음 같을 수는 없겠지요. 그렇지만 큰딸, 이 아이에게 내가 어떻게 해야 할지 모르겠어요.

상5: 큰딸이 고 3이면 스무 살 때 정도 결혼하신 건가요?

내5: 네. 어린 나이에 결혼했어요. 친정에서 어른들께는 무조건 순종해야 한다는 교육을 받았었고 그렇게 살았어요. 할머니께서 늘 업고 키우고 같은 집에 살아도 잠도 할머니가 데리고 자서 우리는 아이를 한 번도 제대로 안아 보지 못할 정도였어요. 아이를 데리고 와서 우리 방에 재울려고 해도 할머니가 싫어하셨고 아이가 울면 할머니 방에 데려가셨어요. 둘째 딸을 낳고서야 비로소 둘째 애를 우리가 안고 재우고 할 수 있었어요.

상6: 큰딸은 내 딸이지만 내 딸처럼 키우시지 못하셨군요. 아까 어머니께서 내가 어떻게 해야 할지 모르겠다는 말씀에 조금 이해가 갈 것 같아요. 어머니, 혹시 큰딸을 대하기가 어려우신 것 아닌가요? 둘째 딸에게는 큰딸에게 느끼고 있는 이 감정과는 좀 다를 것 같은데 어떠세요?

내6: 그러고 보니 그런 것 같아요. 둘째 딸은 제가 그렇게 힘들지 않고 너무 귀여워요(표정이 환하게 바뀔 정도다). 엄마 마음을 잘 알아주고 저도 둘째 아이 마음을 잘 알 것 같은데 큰딸은 무슨 생각을 하는지 내가 어떻게 해 주어야 할지 모르겠어요. 딸이 하는 말이 엄마는 좋은 사람은 분명한데 좋은 엄마는 아니라고 말을 해요. 자기 마음을 전혀 모른다구요.

상7: 큰딸이 그런 말을 했어요? 자기 생각을 그렇게 명확하게 표현하다니 참 똑똑한 아이네요.

내7: 그런데 이해하기가 너무 힘들어요.

상8: 힘들다는 어머니 마음 이해할 것 같아요. 큰딸은 할머니가 딸처럼 키우셨으니 어머니께서 큰딸을 키우면서 잠 못 자고 보챌 때 아이가 힘든 것, 원하는 것을 해결해 줄 엄마와 딸의 끈끈한 관계 맺는 그런 시간을 못 가졌던 것 아닐까요? 그러다 보니 아이가 힘들면 어머니는 어떻게 해야 할지 몰라 막막한 데다 지금은 할머니가 대신해 줄 수 있는 것도 아니구요. 지금이 힘들지만 딸과 엄마의 관계를 회복할 수 있는 기회라고도 생각이 드네요.

내8: 헤어진 그 남자친구는 대학생이 되었는데 우리 애랑 더 이상 만나기 싫다고 했대요. 우리 애는 '내가 남자친구에게 왜 차이느냐?'고 난리예요.

상9: 따님이 남자친구에게 차였다는 사실을 인정하고 싶지 않은 것 같은데 어머니 생각은 어떠세요?

내9: 지금까지 큰딸 아이는 자기가 하고 싶은 것은 다 해 보고, 가지고 싶은 것도 모두 가졌지요. 집안에서 첫 손녀라 아이가 입만 벌리면 모두 해 주었거든요.

상10: 큰딸이 자라면서 하고 싶은 것을 다 해 봤다면 본인이 무얼 못해서 실패하거나 좌절감을 가져 본 적은 잘 없었을 것 같네요?

내10: 없지요. 공부도 잘하고 물건도 갖고 싶은 것, 하고 싶은 것, 자기 뜻대로 다 했지요.

상11: 그러면 이제 좌절을 이기는 연습을 할 기회가 온 것이라고 생각할 수도 있지 않을까요?

내11: 네?

상12: 산에도 올라가는 길이 있으면 내려가는 길도 있잖아요? 어떻게 인생을 살면서 한 번도 좌절을 경험하지 않을 수 있겠어요. 세상에 그런 사람이 가능할까요? 어머니께서도 모든 일이 내 뜻대로 된 것은 아니지요?

내12: 맞아요.

상13: 그러니까요. 지금 딸아이가 잘못되고 있는 것에 자책감을 많이 가지고 계신 것 같아요. 이렇게 마음을 바꾸면 어떨까요? 큰딸이 지금 좌절을 이겨 낼 경험을 하고 있는 것뿐이다. 좌절을 경험할 기회에 내가 엄마로서 필요한 것은 도와줄 수는 있지만 좌절을 하고 있는 것이 잘못된 일이거나 내 책임만은 아니라는 것이죠. 아까도 말씀드렸지만 지금 힘들지만 딸과 엄마의 관계를 회복할 수 있는 기회라고 생각을 하면 지금 상황을 보는 관점도 달라질 수 있지 않을까 싶네요.

내13: 그러네요. 기회로 생각할 수 있겠군요.

상14: 딸아이에게 직접 말해 보셨나요? 나는 너를 도와주고 싶은데 어떻게 해야 할지 모르겠다고.

내14: 아니요.

상15: 딸에게 어머니가 진심으로 하시고 싶은 말씀을 하시는 시간을 이번 주에 가지면 좋겠어요. 그리고 어머니께서 나름대로 최선을 다해서 할 수 있는 만큼은 하시되 안 되는 것에 자책감을 가지는 것은 어머니나 딸, 서로에게 도움이 안 된다는 것 잊지 마시구요.

내15: 정말 고맙습니다. 이렇게 가족에게도 못하는 이야기를 하고 나니 마음이 너무 편해졌습니다. 감사합니다.

상16: 어머니 자신을 힘들게 하는 생각이 무엇인가 점검하시고 그 생각에 스톱! 하고 자신의 마음을 잘 보살피기 꼭 하시기 바라요. 건강하세요.

3. 사례 논평

본 사례의 내담자는 고등학교 3학년에 재학 중인 딸을 두었는데 그 딸이 사귀던 남자친구에게 이별 통보를 받은 후에 학교에도 결석하고 내담자에게도 욕을 심하게 하여 이 상황을 어떻게 다루어야 할지를 몰라서 방문하게 된 사례이다. 상담자는 최근에 REBT를 배운 초심자로 이 사례에 접근하고 있다.

이 상담자가 처음으로 찾은 내담자의 비합리적인 생각은 '아이는 부모에게 함부로 말하면 안 된다. 예의 바르게 행동해야만 한다.'라는 비합리적 생각을 가설적으로 제시하고 있다. 그러자 내담자는 자신은 순종하면서 그렇게 커 왔기 때문인데 큰딸은 그렇지 않다고 호소하고 있다. 내담자가 상담자의 말에 이렇게 수긍하는 것은 상담자가 찾은 비합리적 신념에 동의한다는 의미이다. 상담자는 내담자의 마음속 깊은 곳에 큰딸이 예의 바르지 않은 행동을 보이는 것은 '내가 잘못 키워서 그렇다.'라는 핵심적이며 비합리적인 생각까지 찾아서 제시하고 있다. 내담자는 이 생각에 대해서도 인정하고 있다. 이것은 상담자가 내담자의 비합리적 생각을 쉽게 잘 찾고 있다고 보인다. 이 사례에서 보여 주는 두 가지 생각, 즉 표피적인 생각인 딸이 예의가 바르지 않은 것 보다 이면적인 생각인 '딸을 잘못 키웠다.'라는 생각이 내담자를 더 힘들게 하고 죄책감을 느끼게 하는 것이다. 그래서 상담자는 바로 이 생각을 논박하는 중에 내담자는 이 딸을 본인이 직접 키우지 않았고 그래서인지 큰딸이 무슨 생각을 하고 어떻게 해야 할지 모르겠다는 고백을 듣게 된다.

　상담자는 이런 기회가 내담자에게 큰딸과 관계 회복할 수 있는 계기가 될 수 있음을 언급하고 딸이 자신이 그동안 아무런 좌절 없이 살아왔기 때문에 첫 좌절을 경험한 의미가 있음을 말하고 있다. 또한 남자친구에게 차인 것에 대한 새로운 해석의 틀을 제시하면서 REBT 상담에서 말하는 논박을 부드럽게 진행하고 있다. 아울러 여기에서 그치지 않고 내담자의 핵심 비합리적 신념인 큰딸을 잘못 키운 것에 대한 죄책감에서 벗어날 수 있도록 '큰딸이 지금 좌절을 이겨 낼 경험을 하는 것이다.'라고 생각을 바꿈으로써 아이를 잘못 키웠다는 생각에서 벗어나게 하고 있다. 아쉬운 점은 이 대목에서 좀 더 깊이 들어가서 내담자가 확실하게 자신의 신념이 자기를 얼마나 힘들고 어렵게 하고 있으며 이것을 대안신념으로 바꾸면 죄책감에서 벗어날 수 있다는 REBT 이론의 전체적인 구도를 확실하게 하고 훈습하도록 안내하지 못한 점이다. 훈습을 했을 때 내담자는 다른 상황이 생겼을 때 자신을 돌아보고 생각을 찾고 이를 바꾸어 자신의 정서적 안정을 유도할 수 있는지 지적·경험적 능력을 향상할 수 있다.

17
회사에서 필요한 업무는
무엇이든지 다 잘해야 해요

1. 기본정보

1) 내담자 인적 사항
47세 인터넷 회사의 여자 부장

2) 가족관계
남편과 고1 아들

3) 호소문제
"회사에서 필요한 업무는 무엇이든지 다 잘해야 해요."

4) 상담 경위
최근 새롭게 입사한 회사에 적응이 잘 안 되고, 회사에서 자신의 존재감이 없는 것 같아 고민이다. 어렵게 결심을 하고 잘 다니던 회사에서 이 회사로 옮겼는데 점점 자신의 능력이 없는 것처럼 느껴지고, 웬만하면 후회 같은 것을 하지 않는데 요즘은 회사를 옮긴 것을 너무 후회한다고 한다.

2. 상담자료

1) 내담자 특성

키가 작고 단발머리이며 인상은 편안한 편이고, 옷차림도 멋스럽게 입은 편이다. 자신 없는 말투로 얘기를 하며, 끝내 감정에 북받쳐서 눈물을 흘렸다.

3. 상담과정(축어록)

(상: 상담자, 내: 내담자)

상1: 요즘 많이 힘드시죠?

내1: 정말 많이 힘들어요. 그동안 내가 너무 편하게 인생을 살아왔나 싶은 생각도 들고, 뒤늦게 선택한 회사가 나를 이렇게 힘들게 할 줄 몰랐어요.

상2: 어떤 점이 가장 힘드신가요?

내2: 나는 그동안 회사 생활하면서 윗분들한테나 주변 사람들에게 늘 인정을 받고, 일을 잘 한다는 칭찬도 많이 들었어요.

그리고 언제나 내가 일을 주도하면서 이끌어 왔죠. 내가 항상 일을 주도해서 내가 원하는 방향대로 이끌어 왔어요.

상3: 아, 그렇군요.

내3: 그런데 지금은 내가 여기서 뭘 하는지, 왜 여기 있는지를 모르겠어요.

상4: 왜 그렇게 생각을 하시나요?

내4: 나는 그동안 오프라인 관련한 일만 해 봤지, 온라인 인터넷 관련한 일은 해 본 적이 없어요. 그리고 문서작업도 늘 한글 파일만 작성을 했었어요. 그런데, 여기 업무는 문서작업도 잘해야 하고, 파워포인트도 잘 알아야 하고, 인터넷 관련 업무 지식도 좀 알아야 하는데, 난 정말 하나도 모르겠어요.

상5: 흠……. 그래서 많이 난감하신 거군요.

내5: 네……. 난 그동안 정말 한 회사에서 10년간 근무를 하고, 그 이후 4개월간 근무를 하다가 이 회사의 대표님이 나를 스카우트해서 오라 했기 때문에 온 거예요. 처음에는 인터넷 업무를 잘 모르니깐, 거절할까도 했지만 새로운 경험이 될 수 있을 것 같기도 하고, 모르면 배우겠다는 생각을 가지고 오게 된 거예요.

상6: 아, 그럼 능력을 인정받으셔서 스카우트돼서 오신 거군요.

내6: 네. 그런데 와서 보니 생각보다 쉽지가 않아요. 내가 뻔히 이 업무에 익숙치 않은 줄 알면서 나를 스카우트해서 온 대표님의 의중을 모르겠어요. 사람들 보기도 민망하네요. 다들 사람들이 왜 내가 여기 있냐고 생각할 것 같아요.

상7: 흠……. 정리해보면 능력이 많으셔서 지금 회사로 스카우트되어서 오셨는데, 막상 와 보니 나에게 맞는 일 같지도 않고, 일이 잘 안 되어서 속상하신 거군요?

내7: 네. 정말 요즘에는 매일매일 마음이 힘들고, 옛날에 인정받으면서 일했던 옛날이 자꾸 생각나고, 내가 선택한 결정에 후회를 한다는 것이 답답해요. 지난주에는 집에서 내내 술을 혼자 먹었답니다. 너무 속상해서요……. (눈물을 보임).

상8: 아…. 많이 속상하셨던 모양이네요. 그런데 왜 회사의 대표님은 이 부장님이 인터넷 업무를 잘 못한다는 것을 아셨는데도 불구하고, 스카우트를 하셨을까요?

내8: 글쎄요……. 나도 그 점에 대해서 좀 생각을 해 보긴 했었는데 지금 이 나이에 갑자기 문서작업을 하는 것을 배울 수도 없고, 인터넷 업무를 갑자기 배울 수도 없는데 왜 나를 스카우트를 했을까를 생각해 보긴 했었어요.

상9: 혹시 이 부장님이 생각하기에 스스로의 강점이 무엇이라고 생각하세요?

내9: 난 그동안 사람 관리, 조직 관리를 잘해 왔어요. 그 점에 대해서는 많은 인정을 받았었죠. 그리고 내가 예전에 10년 동안 근무했던 협회의 대표님들을 많이 알고 있죠. 아마 나의 그런 인맥을 활용하고 싶었던 것이 아닌가 하는 생각은 들어요.

상10: 아, 그런 좋은 강점이 있었군요. 자, 그러면 한번 같이 생각을 해 볼까요? 이 부장님이 지금 상황은 인터넷 회사에 왔는데, 예전 업무와 다르고 인터넷 업무가 익숙치 않아 자신감이 없고, 회사에서 존재감이 없다고 느끼는 점 때문에 힘든 마음이신 거잖아요?

내10: 네, 그래요.

상11: 사람은 누구나 자신이 생각하는 것이 다 맞다고 생각할 수도 있겠지만, 아닌 경우도 많은 편이죠. 자신의 비합리적인 신념으로 인해 스스로를 힘들게 할 수도 있는 거거든요. 이 부장님은 지금 상황에 대해서 '나는 인터넷 회사에 왔으니, 인터넷 관련 업무를 다른 사람들처럼 잘 해야만 한다.' ' 나는 일을 하면서 반드시 인정을 받아야만 한다.'고 비합리적인 생각을 하고 있는 것 같습니다.

내11: 비합리적인지는 모르겠지만, 그렇게 생각하는 것은 맞는 것 같아요.

상12: 인터넷 회사에 와서 왜 반드시 인터넷 관련 일을 해야 한다고 생각하시나요? 회사의 대표님이 이부장님을 스카우트를 할 때는 꼭 그 일을 시키려고 했다기보다는 예전에 근무했던 협회의 인맥을 활용하여 회사업무와 많은 연관을 시켜 사업영역을 확장하려고 하는 생각도 있었던 것 같고, 인터넷 업무와는 상관없이 이부장님의 능력을 발휘할 수 있는 다른 일을 찾기를 바랐던 것 같아요.

내12: 생각해 보면 맞는 것 같기도 해요. 대표님은 저에게 계속 오프라인 강좌 개발 업무를 강조했었어요. 저는 사실 그 업무를 맡으면 잘할 수 있을 것 같아요. 난 그동안 조직을 잘 관리해 왔고, 오프라인 강좌 개발도 내가 알고 있는 인맥을 활용하면 새로운 강좌를 개발할 수 있을 것 같아요.

상13: 그럼, 이젠 힘들다고 생각하는 인터넷 업무 말고, 오프라인 강좌 개발 업무를 중점적으로 하시면 되겠네요.

내13: 그러네요. 내가 그동안 너무 자신감을 많이 잃어서 내가 잘할 수 있는 것에 대해서 놓치고 있었던 것 같아요. 그리고 남들 하는 것처럼 인터넷 업무를 잘 해야 한다고 생각을 하니 마음이 조급해지고, 그걸 잘 못하니깐 답답했었던 것 같아요. 전 새로운 것을 시도하는 것을 그렇게 두려워하지는 않은 편이에요. 그런데 그동안 내가 너무 위축되고 자신감이 없다 보니 내가 능력없고, 못났고, 회사에서의 존재감도 없는 무능력자라는 생각이 들어서 많이 힘들었죠. 사실, 대표님도 예전에 나에게 계속 오프라인 강좌 개발하기를 바랐고, 내가 다른 인터넷 업무를 하다 보니 내가 정작 할 수 있는 일을 놓친 것 같아요.

상14: 전 이 부장님의 나이에 새로운 회사에 새로운 업무에 도전하는 모습이 참 보기 좋은 것 같아요. 웬만한 용기 있는 사람이 아니면 시도하지 못할 수도 있는 일이라고 생각해요. 하지만 이 부장님은 과감히 그런 상황을 시도했고, 도전했기 때문에 아주 용기 있는 사람이라는 생각이 들어요. 그리고 많은 인맥을 가지고 있다는 것과 조직관리를 잘 한다는 것은 모든 사람들에게 주어진 능력은 아닐 거라고 생각해요. 회사에서 이 부장님의 그런 능력을 비슷하게 가진 사람도 없고, 그런 능력을 뛰어넘는 사람은 아무도 없다고 봐요.

내14: 그렇게 생각해 주니 고맙네요.

상15: 어차피 인터넷 업무능력과 상관없이 회사에 스카우트되어서 오셨으니깐, 이 부장님이 잘하는 업무를 하시면 되겠네요. 그리고 조직관리를 잘하셨기 때문에 이 회사에도 이 부장님의 관리가 필요한 부분이 많을 거예요.

내15: 정말 그럴까요?

상16: 네, 그럼요. 자신의 강점과 장점을 잊어버리시면 안 됩니다. 그리고 예전 회사에서처럼 자신감 있게 일하시면 좋겠어요.

내16: 맞아요. 난 원래 정말 자신감이 넘치는 사람이었어요.

상17: 그리고 오프라인 강좌 개발은 아직 아무도 시도하지 않았던 분야이므로 이 부장님이 어떻게 시도를 하더라도 누구 하나 뭐라고 비난을 하거나 비판을 할 사람들이 없답니다. 부장님께서 생각하시는 대로, 하고 싶은 대로 자신감 있게 진행하면 잘될 것 같아요.

내17: 그렇게 말해 줘서 고마워요. 내가 얘기를 하다 보니 마음이 좀 편해졌어요.

상18: 그럼, 마지막으로 스스로에게 다짐하는 말을 한번 해 보는 건 어때요? "나는 잘 할 수 있다."를 3번만 큰 소리로 얘기를 해 보세요.

내18: 이런 말을 외치면 잘될까요?

상19: 네. 사람이 말하는 대로, 생각하는 대로 일이 되는 경우가 많답니다. 상담용어로 self-talk라고 하는데, 이 self-talk를 계속 되뇌다 보면 정말 말대로 효과가 있답니다.

내19: 그러면 한번 해 볼게요. 나는 잘할 수 있다. 나는 잘할 수 있다. 나는 잘할 수 있다.

상20: 이 self-talk를 하루에 10번씩 거울을 보면서 연습을 해 보시길 바랍니다. 정말 효과가 있을 거예요.

내21: 그래요. 집에서도 한 번 해 봐야겠네요. 마음이 좀 괜찮아졌어요. 고마워요.

4. 사례 논평

본 사례는 REBT 초심자에 의해 수행된 사례이다. 내담자는

47세의 인터넷 회사의 부장으로 스카우트되어 근무하고 있다. 막상 새롭게 입사는 하였지만, 적응이 어렵고 회사 내에서 존재감이 없는 것 같아서 이직을 후회하고 있다. 상담자는 내담자의 마음 세계에 들어가 보니 그전에 근무했던 회사에서는 늘 인정만 받았으면서 자신의 주도대로 이끌어 왔는데, 새로 옮긴 회사에서는 업무가 생각처럼 쉽지 않아서 자신의 결정을 후회한다는 것이다. 그리고 집에서 그러한 상황이 속이 상해서 주말 내내 술만 마셨다고 한다. 상담자는 내담자의 이러한 호소 문제를 들으면서 '나는 인터넷 회사에 왔으니 인터넷 관련 업무를 다른 사람들처럼 잘 해야만 한다.' '나는 일을 하면서 반드시 인정을 받아야만 한다.'라는 비합리적인 생각을 하고 있다고 지적하자 내담자는 그것이 비합리적인지 모르겠지만 그렇게 생각하는 것은 옳다고 수긍하고 있다. REBT 상담의 특성 중의 하나는 심리 교육적 접근을 활용한다는 점이다. 즉, 내담자에게 인간이 상황을 어떻게 해석하느냐에 따라 정서적 · 행동적 반응이 달라지는데 인간에게 부적절한 정서와 부적응적인 행동을 이끄는 생각을 비합리적 생각이라고 명명한다는 점을 알게 하는 것이 선행됐어야 했다. 그렇지 않으면 대부분의 내담자는 철학의 합리주의에서 말하는 합리와 REBT 상담에서 말하는 합리적 사고를 혼동할 수 있기 때문이다.

상담자는 계속해서 내담자에게 '인터넷 회사에 왔다고 해서 반드시 인터넷 일을 해야만 한다.'라는 생각을 논박하면서 회사의 사장이 내담자를 스카우트했을 때는 인터넷 업무와 상관없이 내담자의 인맥을 활용하여 회사의 사업영역을 확장하려고 했을 수 있다는 말을 하고 있다. 즉, 인터넷 업무와 상관없이 내담자의 능력을 발휘할 수 있는 일을 찾기를 바랐을 것 같다는 상담자의 논박에 내담자는 수긍하면서 사장이 오프라인 강좌 개발 업무를 강조했다는 것을 상기해 내고 있다. 그러면서 자신이 모든 것을 잘해야 한다고 생각하면서 자신감이 없어져 자신이 잘할 수 있는 것을 놓치고 있음을 확인하였다. 또한 자신은 새로운 것을 시도하는 것이 두려워하지 않는 편임에도 너무 위축되고 자신감이 없는 무능력자라는 생각에 압도되어 움츠러들었던 자신의 모습을 바로 보게 되었다.

상담자는 단회상담이었지만 내담자를 괴롭히는 핵심적인 생각을 파악하였고 내담자는 이를 통해 자신의 문제점을 정확하게 조준하고 새로운 행동 양식을 개발할 다짐을 하게 한다. 단회상담이었지만 힘이 있는 상담이었고 이는 상담자가 내담자의 문제를 이해할 수 있는 이론적 근거를 명확하게 알고 있었고 이에 따른 논박이라는 문제의 해결 과정을 잘 적용했기 때문에 가능한 일이었다.

만약 이 사례를 REBT라는 이론적 틀이 없이 진행했더라면 단회에 내담자의 핵심 문제를 파악하고 해결하기는 쉽지 않았을 것으로 보인다. 우리가 바로 이런 이유로 이론을 통달해야 한다.

** 저자 소개 **

박경애(Park, Kyung-Ae)

〈학력〉

미국 트루먼 주립대학교(Truman State University) 영문학 학사
미국 미주리 대학교(University of Missouri) 교육 및 상담심리학 석사 · 박사(1990)

〈경력〉

King's college London, Institute of Psychology, Psychiatry, Neuroscience, 교환교수
광운대학교 교육대학원 원장
광운대학교 일반대학원 교육학과장 및 상담교육 주임교수
광운대학교 상담심리 주임교수
광운대학교 학생상담실장
한국청소년상담원 설립 멤버 및 상담교수
미주리 주정부 심리학자
미주리 밸리 칼리지 강사

〈상훈〉

2024년 University of Missouri-Columbia, College of Education & Human Develpment 최우수 동문 평생공로상(Outstanding Alummi Lifetime Achievement Award)
2022년 광운대 참빛교육상
국무총리상 수상(2010)
세종나눔봉사대상UN봉사대상 수상

〈학회 및 연구회〉

한국상담학회 법인이사(2013.1.~2016.12.)
한국학교상담학회장(2010.9~2013.2.)
한국REBT인지행동치료학회장

〈자격증〉

한국상담심리학회 상담심리사 1급
한국상담심리학회 부부/가족상담 전문가
한국상담학회 슈퍼바이저급 상담전문가
한국인지행동치료학회 인지행동치료 전문가

REBT 지도감독 자격증(Supervisory Certificate)
미국 Albert Ellis Institute of Rational Emotive Behavior Therapy

관련사이트: 한국 REBT 인지행동치료 상담센터(www.rebt.kr)

〈REBT 관련 저서〉
인지정서행동치료(학지사, 1997)
인지행동치료의 실제(학지사, 1999)
인지정서행동치료의 기독교적 적용(공저, 학지사, 2012)
아동 및 청소년을 위한 인지행동치료(학지사, 2013)
아동 및 청소년을 위한 인지행동상담사례(학지사, 2013)
3명의 슈퍼바이저와 함께하는 상담사례 슈퍼비전: 통합적, 인지적, 정신역동적 접근(공저,
학지사, 2022)

〈REBT 관련 역서〉
왜 남과 자신을 비교하는가(공역, 사람과 사람, 2003)
우울증 스스로 극복하기(공역, 사람과 사람, 2004)
생각하기, 느끼기, 행동하기: 초등학생을 위한 사고 및 정서교육과정(공역, 시그마프레스,
2005)
생각하기, 느끼기, 행동하기: 중ㆍ고등학생을 위한 사고 및 정서교육과정(공역, 시그마프레
스, 2005)

〈그 외 저서〉
그래도 자식은 희망입니다(시그마프레스, 2006)
좋은 부모 밑에서 좋은 자녀가 자란다(작은씨앗, 2009)
상담심리학(공동체, 2010)
지혜로운 부모가 행복한 아이를 만든다(2판)(윈앤원에듀, 2015)

〈그 외 역서〉
화로 키운 아이 화가 될 수 있다(즐거운텍스트, 2006)
우울과 불안장애의 치료계획과 개입방법(공역, 시그마프레스, 2008)
인지치료기법(공역, 시그마프레스, 2010)
사랑의 비즈니스 결혼(시그마프레스, 2011)
결혼의 신화(시그마북스, 2012)

인지정서행동치료(REBT) 단회기 상담사례
초심자를 위하여
Single session REBT for Beginner

2018년 3월 20일 1판 1쇄 발행
2024년 8월 20일 1판 2쇄 발행

지은이 • 박경애
펴낸이 • 김진환
펴낸곳 • ㈜ **학지사**

　　　　04031 서울특별시 마포구 양화로 15길 20 마인드월드빌딩
대표전화 • 02)330-5114　　　팩스 • 02)324-2345
등록번호 • 제313-2006-000265호

홈페이지 • http://www.hakjisa.co.kr
인스타그램 • https://www.instagram.com/hakjisabook

ISBN 978-89-997-0620-2 93180

정가 14,000원

이 도서의 국립중앙도서관 출판시도서목록(CIP)은 서지정보유통지
원시스템 홈페이지(http://seoji.nl.go.kr)와 국가자료공동목록시스템
(http://www.nl.go.kr/kolisnet)에서 이용하실 수 있습니다.
(CIP 제어번호: CIP2018006965)

출판미디어기업 **학지사**

간호보건의학출판 **학지사메디컬** www.hakjisamd.co.kr
심리검사연구소 **인싸이트** www.inpsyt.co.kr
학술논문서비스 **뉴논문** www.newnonmun.com
교육연수원 **카운피아** www.counpia.com
대학교재전자책플랫폼 **캠퍼스북** www.campusbook.co.kr